Licht und **Dunkel**
im Hause Gottes

AUTONOME PROVINCIA
PROVINZ AUTONOMA
BOZEN DI BOLZANO
SÜDTIROL ALTO ADIGE

Deutsche Kultur

Die Drucklegung dieses Buches wurde ermöglicht durch
die Stiftung Südtiroler Sparkasse und
die Südtiroler Landesregierung/Abteilung Deutsche Kultur
in Zusammenarbeit mit dem Südtiroler Bildungszentrum.

BIBLIOGRAFISCHE INFORMATION DER DEUTSCHEN NATIONALBIBLIOTHEK
Die Deutsche Nationalbibliothek verzeichnet diese Publikation in der Deutschen
Nationalbibliografie; detaillierte bibliografische Daten sind im Internet abrufbar:
http://dnb.d-nb.de

ISBN 978-88-8266-982-9

www.athesia.com
buchverlag@athesia.it

JOSEF GELMI

Licht und Dunkel im Hause Gottes

Südtiroler Kirche, Faschismus, Nationalsozialismus und Nachkriegszeit

VERLAGSANSTALT ATHESIA | BOZEN

Nur soweit die Historie
dem Leben dient,
wollen wir ihr dienen.

FRIEDRICH NIETZSCHE

Inhaltsverzeichnis

Einleitung

Die Regierungszeit von Johannes Geisler, die vor allem von Generalvikar Alois Pompanin geprägt wurde, zählt zu den dramatischen
Kapiteln der Kirchengeschichte unseres Landes. Faschistische Unterdrückung, Option, nationalsozialistische Schikanen und die prekäre
Nachkriegszeit gestalteten seine Amtszeit äußerst schwierig.
Es ist sicherlich angebracht, diese Periode, die in vielen Publika-
tionen bereits aufgearbeitet worden ist, in kurzen Episoden noch
einmal Revue passieren zu lassen. Ich habe bereits in der Serie
»Vergeben ja, vergessen nie« in der Tageszeitung »Dolomiten« im
Jahr 2010 einige kirchliche Persönlichkeiten in Erinnerung geru-
fen, die durch die unmenschlichen und grausamen Diktaturen viel
erleiden mussten. In der Serie »Südtirols Kirche unter Faschismus
und Nationalsozialismus«, die ich in den Jahren 2012 und 2013
im gleichen Tagblatt veröffentlichte, habe ich versucht, in 31 kurzen Abschnitten mit jeweils einer einschlägigen Illustration die
Zeit von 1918 bis 1943 darzustellen. Da diese Veröffentlichungen
ein weites und äußerst positives Echo gefunden haben, habe ich
mich entschlossen, die bisher erschienenen Folgen sowie jene,
die die Zeit von 1943 bis 1945 und die Nachkriegszeit betreffen,
in Buchform zu veröffentlichen und sie einer breiten Öffentlichkeit
zugänglich zu machen. Das ist der Zweck dieses Buches. Die
Quellen, auf die ich mich hauptsächlich stütze, sind die Nachlässe
von Generalvikar Alois Pompanin, Seminarregens Josef Steger
und von Johann Tschurtschenthaler, ehemaliger Redakteur des
»Katholischen Sonntagsblattes«. Dieses Material ist zum großen
Teil unveröffentlicht und inhaltlich von großer Brisanz.
Ich biete in diesem Buch ausgewählte Bruchstücke dieser Zeit.
Aus den Informationen der Einzelfälle kann man dann leicht zu

allgemeinen Einsichten gelangen und so ein Gesamtbild gewinnen. Ich bin überzeugt, dass Schreiben etwas bewirkt, ja, dass es dazu beiträgt, die Erinnerung an die Vergangenheit wachzuhalten. Der Sinn der Erinnerung an die Zeit des Faschismus und des Nationalsozialismus sollte sein, dass sich solche Ereignisse nie mehr wiederholen nach dem Leitspruch »Vergeben ja, vergessen nie«. Dies setzt voraus, dass Ereignisse erforscht werden und jede Seite die eigene Verantwortung eingesteht, so schmerzlich sie auch sein mag. Es darf nie nur selektiv beschönigend oder beschuldigend vorgegangen, sondern es muss immer versucht werden, die Ereignisse möglichst objektiv darzustellen. Deshalb ließ ich auch die Personen selbst zu Worte kommen. Aufgabe des Historikers ist es, alle Für und Wider abzuwägen und ein möglichst differenziertes Urteil abseits aller Ideologien und Bekenntnisse zu geben. Nur so kann man zur Reinigung des Gedächtnisses in Kirche und Gesellschaft beitragen, und nur so kann die Bedeutung der Geschichte für Gegenwart und Zukunft wahrgenommen werden. Andernfalls verliert das Gedenken seinen Sinn und seinen erzieherischen Wert. Daher gilt, was schon Friedrich Nietzsche gesagt hat: »Nur soweit die Historie dem Leben dient, wollen wir ihr dienen.«

Es bleibt mir noch die angenehme Pflicht, allen zu danken, die beim Zustandekommen dieses Buches behilflich waren. Namentlich danken möchte ich dem Direktor des Diözesanarchivs, Herrn Eduard Scheiber, der mir viele Fotos zur Verfügung gestellt hat. Ein besonderer Dank gilt Frau Anna Pia Happacher und Frau Helga Dander für die Korrekturen der Texte sowie dem Verlag Athesia für die gute Zusammenarbeit bei der Herstellung dieses Buches.

Brixen, im Frühjahr 2014
Josef Gelmi

Fürstbischof Johannes Raffl (rechts)
mit dem Kardinal Raphael Merry del Val
und dem Chefredakteur der »Reichs-
post«, Dr. Friedrich Funder, im Juli
1923 vor dem Hotel Post in Arabba

Fürstbischof Johannes Raffl (1921–1927) und seine Schwierigkeiten mit der faschistischen Regierung

Nach dem Tod des Brixner Fürstbischofs Franz Egger am 17. Mai
1918 wählte das Brixner Domkapitel Dompropst Franz Schmid
zum Kapitelvikar und machte dem Kaiser Vorschläge für einen
Nachfolger. Da aber mit dem Ende der Monarchie das kaiser-
liche Nominationsrecht hinfällig und der Weg für eine päpstliche
Ernennung frei wurden, verhielt sich Rom abwartend, sodass sich
die Amtszeit des Kapitelvikars ganze drei Jahre hinzog. Schließlich
ernannte Papst Benedikt XV. (1914–1922) am 28. April 1921 den
Brixner Mensalverwalter Johannes Raffl, den das Brixner Domkapitel dem Kaiser an dritter Stelle namhaft gemacht hatte, zum
neuen Fürstbischof. Raffl ließ sich daraufhin in Rom von Kardinal

Raphael Merry del Val konsekrieren. Vonseiten der italienischen Regierung wurden keinerlei Schwierigkeiten gemacht. Die »Gazzetta di Venezia« berichtete am 20. August 1922, Raffl betrachte Deutsche wie Italiener mit den Augen eines Hirten.

Raffl wurde 1858 in Roppen im Oberinntal geboren. Nach dem Besuch des Brixner Priesterseminars wurde er 1883 zum Priester geweiht. Anschließend wirkte er als Präfekt im Knabenseminar Vinzentinum in Brixen, seit 1886 als Kooperator in Jenbach und seit 1887 in Mieming, wo er sich besonders um den neuen Kirchenbau verdient gemacht hat. Im Jahr 1894 wurde er Pfarrer in Oberhofen bei Telfs und 1904 Verwalter des bischöflichen Mensalgutes in Brixen. Sein Wahlspruch »Milde und Sanftmut« prägte auch seine Zeit als Bischof. Papst Benedikt XV. wollte die Integrität des Bistums Brixen respektieren und unterstellte die Apostolische Administratur Innsbruck für das bei Österreich verbliebene Bistumsgebiet der Diözese Brixen. Gleichzeitig wurde aber das Bistum Brixen aus dem Metropolitanverband Salzburg herausgelöst und 1921 unmittelbar dem Heiligen Stuhl unterstellt. Während in dem bei Österreich verbliebenen Teil 170.000 Bistumsangehörige lebten, waren es in dem an Italien gefallenen Gebiet nur 90.000. Unter diesen Umständen lag es nahe, dass der deutschsprachige Teil des Bistums Trient an das rein deutschsprachige Bistum Brixen abgegeben würde. Da der Trienter Fürstbischof Cölestin Endrici sich prinzipiell einverstanden erklärte und die Dekane des betroffenen Gebietes 1922 den Heiligen Stuhl um diese Lösung baten, gab Pius XI. dem Ersuchen statt und ernannte am 5. August 1922 Raffl zum Apostolischen Administrator der zehn deutschsprachigen Dekanate von Trient. Als aber faschistische Kreise dagegen Sturm liefen, sah sich der Heilige Stuhl genötigt, das Dekret am 16. August 1922 zu suspendieren.

Als Pius XI. am 12. Dezember 1925 die Apostolische Administratur Innsbruck dem Heiligen Stuhl direkt unterstellte und damit die Abtrennung des österreichisch gebliebenen Bistumsteiles verfügte, verlor Brixen endgültig zwei Drittel seines Gebietes und wurde zum Zwergbistum. Im Brixner Priesterseminar studierten von 1915 bis 1924 immerhin alle Theologen des deutschsprachigen Anteiles von Trient und bis 1938 auch die ersten Jahrgänge aus Vorarlberg, Nord- und Osttirol. Als die italienische Regierung den Gymnasiasten aus Österreich den Besuch des Knabenseminars Vinzentinum in Brixen verbot, wurden dessen Lehrkörper und Vermögen geteilt, damit in Schwaz in Nordtirol 1926 ein neues Knabenseminar errichtet werden konnte, während der Betrieb im Vinzentinum bedeutend verkleinert werden musste. Besondere Verdienste erwarb sich Fürstbischof Raffl um die Erhaltung des deutschen Volkscharakters gegenüber den Italienisierungsmaßnahmen der faschistischen Regierung. Er suchte, wie sein Klerus die Eigenart Südtirols u.a. durch die betonte Pflege der Heimatforschung zu wahren. So unterstützte er die wissenschaftlichen Reihen »Der Schlern« und die »Schlern-Schriften«. Als 1923 Leo Santifallers grundlegendes Werk über das Brixner Domkapitel vorlag, vermittelte Raffl die Drucklegung mithilfe des amerikanischen Mäzens Francis Mac Nutt. Mit dessen Unterstützung kam es auch zur Erweiterung des Diözesanmuseums.

Als das Ringen um die Nachfolge des schwerkranken Raffl bereits vor dessen Tod im Jahr 1927 begann, sprach sich der faschistische Präfekt von Bozen, Umberto Ricci, entschieden gegen eine Nachfolge des den Lokalbehörden nicht genehmen Apostolischen Administrators von Innsbruck-Feldkirch, Sigismund Waitz, aus. Nach dem Tod von Raffl am 15. Juli 1927 wählte das Brixner Domkapitel den Kanzler Josef Mutschlechner zum Kapitelvikar. Da der Heilige Stuhl auf einen Südtiroler, die Regierung dagegen auf einen italienischen Kandidaten bestand, gestaltete sich die Nachfolge sehr schwierig. Am 30. Jänner 1928 schrieb der Kapitelvikar an den Görzer Erzbischof Franz B. Sedej: »Die Wiederbesetzung des bischöflichen Stuhles zieht sich leider in die Länge, und es ist nicht abzusehen, wann dieselbe erfolgen wird. Soviel wir unterrichtet sind, hat der Vatikan die ernste Absicht, uns einen deutschen Bischof zu geben, wogegen die Regierung selbstverständlich auf die Ernennung eines Italieners drängt.«

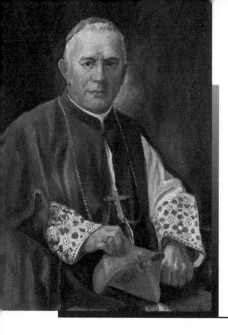

Der Apostolische Administrator der Diözese Brixen, Josef Mutschlechner (1928–1930); Ölgemälde von Johann Baptist Oberkofler im Widum von Sand in Taufers

Das Gerangel um die Bestellung eines neuen Fürstbischofs von Brixen

Während der Vatikan die Absicht hatte, der Diözese Brixen einen deutschen Bischof zu geben, drängte die italienische Regierung auf die Ernennung eines Italieners. In der Tat lehnte die Regierung am 10. März 1928 den vom Heiligen Stuhl präsentierten Johannes Geisler kategorisch ab. Der Vatikan wies daraufhin den von der Regierung vorgeschlagenen Mons. Rocco Beltrami, Rektor des päpstlichen Kollegs für die italienische Auswandererseelsorge in Rom, zurück. Den nunmehr vom Heiligen Stuhl vorgeschlagenen Ladiner Felix Roilo lehnte die Regierung ab, weil er ihr »zu schlaff« war. Daraufhin ernannte der Heilige Stuhl am 13. Oktober 1928 den der Regierung völlig verhassten Kapitelvikar Josef Mutschlechner zum Apostolischen Administrator, der nun von der Bevölkerung als der neue Oberhirte angesehen wurde. Erst das Konkordat von 1929, das laut Artikel 22 nicht die italienische Muttersprache, sondern lediglich italienische Sprachkenntnisse für Diözesanbischöfe zur Bedingung machte, ermöglichte die Ernennung eines deutschsprachigen Oberhirten.

Der italienische Justizminister Alfredo Rocco drängte im Jänner 1930 den Außenminister Dino Grandi, schnellstens für eine Bischofsernennung in Brixen zu sorgen, da die feindselige Haltung des Apostolischen Administrators Mutschlechner die politische Tätigkeit der Regierung in Südtirol schwerstens behindere. Der Botschafter Italiens beim Heiligen Stuhl, Cesare Maria De Vecchi di Val Cismon, schrieb am 24. Jänner 1930 dem Kardinalstaatssekretär Pietro Gasparri über Mutschlechner: »… il quale non riscuote la fiducia delle Autorità Politiche locali a causa dei suoi sentimenti notoriamente pangermanisti e comunque non benevoli verso le predette Autorità.« Am 5. Februar 1930 besuchte der Berater der italienischen Nuntiatur in Italien, Gustavo Testa, Bischof Cölestin Endrici in Trient, um ihn über die Ernennung des Bischofs von Brixen zu befragen. Über Mutschlechner sagte Endrici zu Testa: »Coram domino che non lo ritiene adatto alla sede di Bressanone, per essere egli assai poco disposto verso le Autorità Italiane, e per essere egli facilmente vittima di chi sotto la veste di voler tutelare la religione cattolica intriga a favore del nazionalismo tedesco.« Endrici hatte den Trentiner Prof. Ernesto Bertagnolli und den Regens des Brixner Priesterseminars, Josef Steger, als Bischof von Brixen vorgeschlagen. Er betonte aber, dass Johannes Geisler für dieses Amt am besten geeignet wäre.

Obschon Geisler den Faschisten nicht genehm war, beauftragte das Innenministerium im Februar 1930 den Oberinspektor Enrico Marotta, Informationen über dessen Person einzuholen. Ende Februar erfuhr die italienische Botschaft beim Heiligen Stuhl, dass Papst Pius XI. (1922–1939) auf Vorschlag des Trienter Bischofs Cölestin Endrici Geisler zu ernennen gewillt sei. Anfang März sandte auch Inspektor Marotta dem Innenministerium seinen Bericht zu, in dem er sich positiv für eine eventuelle Ernennung Geislers aussprach. Nachdem die italienische Regierung ihre Zustimmung gegeben hatte, ernannte Pius XI. am 2. April 1930 Geisler zum Fürstbischof von Brixen. Offensichtlich hatte die Regierung den Abschluss des italienisch-österreichischen Freundschaftsvertrages vom 6. Februar 1930 zum Anlass genommen, um in der Bischofsfrage einzulenken.

Johannes Geisler wurde am 23. April 1882 in Mayrhofen im Zillertal geboren. Da der Vater in den Bahndienst trat, musste die Familie wiederholt ihren Wohnsitz wechseln. Der zukünftige Bischof absolvierte seine Studien in Brixen und Rom. Nach der Priesterweihe, die er 1910 in der Ewigen Stadt empfing, wurde er Kooperator in Wiesing, 1912 Kaplan am Sanatorium der Barmherzigen Schwestern in Innsbruck und 1913 Kooperator in Flaurling. Im Jahr 1914 berief ihn Fürstbischof Egger, der ebenfalls aus dem Zillertal stammte, als Hofkaplan nach Brixen. Geisler versah dieses Amt noch unter Fürstbischof Raffl, bis er 1922 Professor der Kirchengeschichte am Priesterseminar wurde.

Johannes Geisler als
Fürstbischof im Jahr 1930

Verhaltener Jubel über die Ernennung von Johannes Geisler zum Fürstbischof von Brixen

Das Volk erfuhr aus der Presse von der Ernennung Geislers zum neuen Bischof in Brixen. Am 4. April 1930 verbreitete der »Volksbote« die Nachricht und die »Dolomiten« vom 5. April 1930 schrieben: »Der ›Osservatore Romano‹ teilt mit: ›Se. Heiligkeit, der Papst, hat geruht, Mons. Johann Geisler, Professor am fb. Priester-Seminar in Bressanone, zum Fürstbischof von Bressanone zu ernennen.‹«

Der Jubel in der Diözese Brixen hielt sich in Grenzen. Professor Johann Gamberoni erinnert sich: »Ich war damals elf Jahre alt. Wir wurden an diesem Tag von der Schule aus zur Hofburg hinbeordert, marschierten in Reih und Glied hin und standen als Klasse drunten am Hofburgplatz und harrten der Dinge, die da kommen sollten. Und da trat schließlich der Apostolische Administrator Josef Mutschlechner auf die Terrasse heraus, die über dem Eingang zum heutigen Diözesanmuseum, der Hofburg, steht, und trat wortlos an die Balustrade heran, und die Leute begannen zu toben. Neben mir war eine jüngere Frau, die schwenkte ihr Taschentuch und schrie aus Leibeskräften. Ich war ziemlich empört, weil ich glaubte, das sei sozusagen der Jubel darüber, dass Mutschlechner geht, in Wirklichkeit aber war es eine Demonstration für Mutschlechner, der eigentlich als Bischof vorgesehen war, aber von den Faschisten nicht geduldet wurde.«

Am 25. April schrieb Geisler dem Nuntius, dass seine Ernennung in der ganzen Diözese großen Jubel ausgelöst habe. Dann fügte er hinzu:»Solo nel clero diocesano ci sarà qua e la una piccola tensione ed un atteggiamento di riserva, perchè si aspettavano la nomina del Rev.mo Monsignor Amministratore Apostolico. Coll'umiltà e la carità si potranno facilmente vincere questi dubbi e queste esitanze del resto assai leggere.« Nachdem Geisler am 25. Mai 1930 in der Lateranbasilika in Rom von Kardinalvikar Basilio Pompili zum Bischof geweiht worden war, wurde er am 3. Juni 1930 in Brixen inthronisiert. Im großen Saal der Hofburg fand die Festtafel mit 103 Gästen statt. Bei der Ansprache gab Geisler eine Loyalitätserklärung gegenüber der italienischen Regierung ab, betonte aber zugleich seine Entschlossenheit zur Wahrung der kirchlichen Interessen. Wörtlich sagte er in italienischer Sprache, den Eid kommentierend, den er vor dem König abgelegt hatte:»Dieser Eid, abgelegt vor Gott und seinem heiligen Evangelium, ist heilig und heilig will ich ihn halten, solange ich die Geschicke dieser ehrwürdigen Diözese zu leiten habe. Wenn auch von deutscher Muttersprache, so werde ich doch ein guter italienischer Staatsbürger sein gemäß der Lehre der Kirche und dem Mahnwort Christi: ›Gebt Gott, was Gottes ist, und dem Kaiser, was des Kaisers ist‹«.

In Bezug auf Mussolini sagte Geisler: »Unser dankbarer Sinn wende sich auch an den ersten Minister des Königs, an den Mann der starken Hand, der ein großes und edles Volk entschlossen zum höchsten Gipfel der Kultur und des Fortschrittes emporführen will. In der Brust jenes Mannes, der Stein und Eisen zu sein scheint, schlägt ein vornehmes Herz, ein Herz so weit, daß darin auch die Bürger deutscher Muttersprache Platz finden. Meine Ernennung kann dies beweisen. Und wenn er in der Vergangenheit manchmal auch seine starke Hand hat fühlen lassen, so werden wir künftig umso mehr seine väterliche Liebe zu den jüngsten Bürgern Italiens fühlen. Ein unerbittlicher Richter aller Schädlinge des Vaterlandes, wird er ein liebevoller Vater sein für alle, die gewissenhaft ihre patriotische Pflicht erfüllen.«

In deutscher Sprache fügte er unter anderem hinzu: »Ich bin nie in meinem Leben Politiker gewesen und noch viel weniger Diplomat. Aber ich fürchte mich nicht: Christus ist meine einzige Politik und die Liebe zur Menschenseele meine ganze Diplomatie … Ich will nicht Krieg, sondern Frieden, nicht Haß, sondern Liebe, nicht Verfolgung, sondern Zusammenarbeit. Aber ich bin auch bereit, für die Lehren und Gesetze der Kirche zum Märtyrer zu werden«. Präfekt Marziali erwiderte sogleich mit großer Genugtuung, dass es das erste Mal gewesen sei, »daß die Behörden und das Volk ein so unvoreingenommenes, offenes, rechtschaffenes, religiöses Wort aus dem Munde des Oberhauptes dieser historischen Diözese vernehmen« konnten. Das Volk, das diese Reden in der Presse lesen konnte, war bestürzt. Besonders schwer dürften sie Josef Mutschlechner getroffen haben, der nun ins Abseits geriet.

Agnus Dei, qui tollis peccata mundi, dona nobis pacem. (Preghiera della S. Messa.)

Ricordo
della mia

S. Messa Novella

celebrata nella chiesa parocchiale di
St. Peter in Ahrn
la festa del Corpus Domini
li 3 giugno 1915,

e della mia

Prima S. Messa

celebrata nella patria
liberata dal nemico
nella chiesa parocchiale di
Cortina d' Ampezzo
la prima domenica dell' Avvento
li 2 dicembre 1917.

Dott. Don Luigi Pompanin.

Andenken an die erste Messe von Alois Pompanin am 2. Dezember 1917 in seinem »vom Feinde befreiten« Heimatort Cortina d'Ampezzo

Fürstbischof Johannes Geisler bestellt Alois Pompanin zum Generalvikar

Nach seiner Erhebung zum Bischof von Brixen bestätigte Johannes Geisler Hermann Mang als Generalvikar und Kanzler. Der aus Tarrenz bei Imst gebürtige Postwirtssohn Mang war 1914 in Brixen Spitalkaplan, 1916 Kustos der volkskundlichen Abteilung des Brixner Diözesanmuseums und 1927 Vorsitzender des Museumsvereins geworden. Am 3. Dezember 1929 ernannte ihn Mutschlechner zum Generalvikar und Kanzler. Mang war ein bedeutender Schriftsteller. Seine Veröffentlichungen standen ganz im Dienst der Tiroler Volkskunde. Große Beachtung fanden die Werke »Unsere Kirchenpatrone«, »Die Wallfahrt nach Trens« und vor allem »Unsere Weihnacht«. Ab 1924 redigierte er den St.-Kassians-Kalender, der nun zum angesehensten heimatkundlichen Volksbuch Südtirols wurde. Mang besaß ein ruhiges, sympathisches und Vertrauen erweckendes Wesen. A. Dörrer beschreibt ihn mit folgenden Worten: »Die verhaltene Art der ›Oberländer‹ fand in Mang jene ›Milde und Ausgeglichenheit‹, daß er wie ein Magnusstab im sonnigen Süden segensreich zu wirken vermochte.« Das Amt des Generalvikars mit der vielen Kanzleiarbeit behagte Mang nicht, weshalb er Geisler wiederholt bat, ihn von dieser Last zu befreien. Am 5. August 1933 schrieb er dem Fürstbischof: »Aus der Überzeugung meiner Aufgabe nicht gewachsen zu sein, bitte ich Euer Exzellenz um gütige Enthebung von meinem Posten als Generalvikar und bischöflicher Kanzler.« Am 31. August kam der Fürstbischof dem Wunsch Mangs nach und schrieb ihm u. a. wörtlich: »Ich habe Dich nur gehen lassen, weil ich glaube, daß Du auf anderen auch für die Diözese bedeutungsvollen Gebieten mit mehr Freude arbeitest und in der Hoffnung, daß Du Deine Talente auch weiterhin in den Dienst der Diözese stellen wirst.« Nachdem Mang bereits 1929 Mitglied des Domkapitels geworden war, wurde er 1939 Domdekan und blieb es bis zu seinem Tod im Jahr 1947. Das sanfte Wesen Mangs und der gütige Charakter Geislers erklären, dass es bis dahin kaum Stellungnahmen gegen das Regime gab.

Am gleichen 31. August 1933 ernannte Geisler Alois Pompanin zum neuen Generalvikar und Kanzler. Wörtlich schrieb er ihm: »Diese Ernennung erfolgt nicht bloß deshalb, weil Sie die im Can. 367 § 1 genannten Eigenschaften besitzen, sondern auch weil ich glaube, daß es für die Diözese ein Segen sein wird, wenn Sie die großen Fähigkeiten und Talente, die Gott der Herr Ihnen gegeben hat, in den Dienst der Diözese stellen. Der Generalvikar ist ein alter ego des Bischofs und er trägt mit diesem die Verantwortung für die Verwaltung der Diözese.« Mit beinahe prophetischen Worten fuhr Geisler dann fort: »Sollte es einmal heißen, daß Bischof Johannes XI. nicht imstande war, in schweren Zeiten das Schifflein des hl. Kassian zu lenken, dann wird dabei auch der Name seines Generalvikars genannt werden, und wenn Gott der Herr einmal Rechenschaft verlangt über die Verwaltung der Diözese, dann wird er an zweiter Stelle den Generalvikar rufen. Ich glaube, daß Sie mit großen Gedanken und mit großen Plänen an Ihr Amt herantreten und mit der Gnade und dem Segen Gottes werden wir manches davon auch zur Durchführung bringen können. Halten wir uns aber beide den Spruch vor Augen, in dem die Alten ihre Regierungsweisheit ausgedrückt haben: Fortiter in re, suaviter in modo!« Geisler ersuchte sodann Pompanin sein Amt schon am nächsten Tag, dem 1. September, anzutreten und zur Ablegung des im Can. 364 verlangten Eides um 9 Uhr bei ihm zu erscheinen.

Pompanin wurde am 23. Jänner 1889 in Cortina d'Ampezzo geboren. Die Gymnasialstudien absolvierte er am Vinzentinum in Brixen und bei den Franziskanern in Bozen. In Rom studierte er Philosophie, Theologie und Kirchenrecht. Wegen des Ersten Weltkrieges musste er mit seinen Kollegen aus dem Germanicum eine Zeitlang nach Innsbruck übersiedeln. Seine Studien schloss er mit dem Doktorat in Philosophie, Theologie und Kirchenrecht ab. Im Jahr 1915 wurde er zum Priester geweiht. Da seine Heimat Cortina Kriegsgebiet war, feierte er die Primiz bei seinem Landsmann Bruno Menardi in St. Johann im Ahrntal. Erst am 2. Dezember 1917 konnte er seine erste Messe in Cortina d'Ampezzo feiern, »nella patria liberata dal nemico«, wie es auf seinem Primizbildchen heißt. Dies, so wird vermutet, prägte seine Abneigung gegen alles, was italienisch war, und seine Vorliebe für das, was mit Deutschtum zu tun hatte. Im Jahr 1922 übernahm er die Lehrkanzel für Kirchenrecht am Priesterseminar. Als Professor zeichnete er sich durch seine Klarheit und Geradlinigkeit aus. Halb im Scherz, halb im Ernst pflegte er zu sagen: »Dies ist meine Meinung, und die ist gewöhnlich richtig.«

Kanonikus Michael Gamper,
Johann Tschurtschenthaler und
Pfarrer Franz Egarter von Mil-
land (v. l.), am 6. Juni 1939

Kirche, Religionsunterricht und Faschismus

Die Beziehungen zwischen Kirche und Faschismus gestalteten sich in Südtirol besonders schwierig. Die Brixner Ordinarien Johannes Raffl (1921–1927), Josef Mutschlechner (1928–1930) und Johannes Geisler (1930–1952) hatten gegen die zahllosen Schikanen dieser nationalistischen Diktatur einen schweren Kampf zu bestehen. Damals wurden die Kirche und der Klerus zum Hort der Muttersprache. Als die faschistischen Behörden im Jahr 1923 für jene Schulen, in denen bereits ab der ersten Klasse die italienische Unterrichtssprache vorgeschrieben war, diese auch für den Religionsunterricht einführen wollten, erreichte Raffl durch seine persönliche Intervention beim Heiligen Stuhl die Rücknahme der Verfügung. Ab 1924 wurde aber die Muttersprache im Religionsunterricht nur noch bis zur dritten Klasse zugelassen. In dieser Zeit setzte sich vor allem auch der Klerus des deutschen Anteils der Diözese Trient entschieden für den Gebrauch der Muttersprache beim Religionsunterricht ein. Da sich die Kurie in Trient jedoch passiv verhielt, verfassten die Vertreter des deutschen Klerus ein Memorandum, das Kanonikus Michael Gamper am 17. November 1925 persönlich nach Rom brachte. In der Ewigen Stadt führte er Gespräche mit Kardinal Andreas Frühwirt und dem Sekretär der Kongregation für außerkirchliche Angelegenheiten, Francesco Borgongini Duca. Dieser sagte wörtlich zu Gamper: »Es ist der unerschütterliche Wille des Heiligen Stuhles, daß der Religionsunterricht in der Muttersprache erteilt werde.«

Ende 1925 war die Verwendung deutscher Religionsbücher verboten worden und Ende 1926 wurde das deutsche Schulgebet in den Schulen mit Italienisch als Unterrichtssprache untersagt. An dessen Stelle empfahl man ein Gebet für den »lieben Duce«. Da die Behörden im Religionsunterricht außerhalb der Schule einen deutschen Geheimunterricht sahen, verboten sie auch diesen. In der Tat hat die Kirche den deutschen Geheimunterricht, die sogenannte Katakombenschule, massiv unterstützt. Es waren meist die gleichen Personen, die sowohl für die kirchliche Jugendarbeit als auch für die Katakombenschule zuständig waren. In diesem Zusammenhang muss vor allem Kanonikus Michael Gamper genannt werden, ohne den es wohl keine Katakombenschule gegeben hätte. Der Priester gab damals den Leitspruch aus: »Jedes Haus, jede Hütte muß zum Schulhaus, jede Stube zur Schulstube werden!« Gamper sah allerdings im Deutschunterricht, den die Jugend des Völkischen Kampfringes Südtirols organisierte, eine unliebsame Konkurrenz zur Katakombenschule. Seiner Ansicht nach ging es dem Völkischen Kampfring »mehr um die politische Beeinflussung als um den Deutschunterricht«. Zu den maßgebenden Persönlichkeiten der Katakombenschule in Brixen zählte der Kaplan und Redakteur des »Katholischen Sonntagsblattes« Johann Tschurtschenthaler. In der Bischofsstadt sagten die Faschisten: »Quel prete lungo, lungo senza pancia è il più pericoloso a Bressanone.«

Als die Schulbehörde 1927 anordnete, dass der Religionsunterricht in allen Schulen in italienischer Sprache erteilt werden müsse, zog der Brixner Kapitelvikar Josef Mutschlechner 1928 den Klerus aus den öffentlichen Schulen zurück und organisierte den Religionsunterricht in den Pfarrschulen. Zur Einführung des pfarrlichen Religionsunterrichtes erließ er am 14. September 1928 einen Hirtenbrief an die Bevölkerung, in dem er betonte, dass die Kirche seit ihrem Bestehen (!) daran festgehalten habe, den Religionsunterricht in der Muttersprache zu erteilen. Auch der Trienter Bischof Cölestin Endrici, dem der Klerus des deutschen Anteils wiederholt vorgeworfen hatte, er würde sich zu wenig für die Verwendung der deutschen Sprache im Religionsunterricht einsetzen, entschloss sich zur Einführung des Pfarrunterrichts in seinen deutschen Dekanaten. Am 19. September 1928 gab er bekannt, dass »der Pfarrunterricht nunmehr für alle Seelsorger Pflicht ist, unbeschadet dessen, ob sie auch in der Schule unterrichten oder nicht.« Im Unterschied zu Brixen wurde also im deutschen Anteil der Diözese Trient den Geistlichen erlaubt, weiterhin auch in der Schule den Religionsunterricht zu erteilen.

Michael Summerer im Jahr 1929.
Der Lüsener Kooperator wurde 1934
auf die Insel Lipari verbannt.

Der Faschismus und die Pfarrschule

Noch im Sommer 1928 wurden von Trient und Brixen Richtlinien zum Aufbau der deutschsprachigen Pfarrschule erlassen, die auf Anregungen des damaligen Leiters der Katholischen Aktion des deutschen Anteils, Dr. Alfons Ludwig (1892–1972), zurückgingen. Über die Schwierigkeiten, die die Einführung des Pfarrunterrichts mit sich brachte, schrieb Dekan Alois Falk von Sterzing im »Volksboten« vom 4. Mai 1978: »Es mußten Lokale beschafft werden, eingerichtet, beheizt, aufgeräumt und bezahlt werden. Gar mancher Katechet mußte sich mit einem armseligen Unterrichtsraum zufriedengeben. In St. Lorenzen hatte ich … eine aufgelassene Hafnerwerkstätte zur Verfügung, in der noch der nackte, feuchte Lehmboden da war … Die Einrichtung des Stundenplanes machte bedeutende Schwierigkeiten. Man mußte die Religionsstunden zumeist in der Zwischenzeit der staatlichen Vor- und Nachmittagsschule oder im Anschluß an die Nachmittagsschule unterbringen … Dazu kamen die politischen Schwierigkeiten. Trotzdem man sich bemühte, mit den italienischen Lehrkräften ein irgendwie leidliches Verhältnis zu erreichen, war das in den meisten Fällen nicht möglich … Deswegen wurden in der Staatsschule die Unterrichtsstunden möglichst verlängert, damit der Pfarrunterricht zu kurz kam. Kinder wurden oft aus diesem Grunde strafweise in der Schule behalten … Auch Carabinieribesuch bekam man gelegentlich während der Unterrichtsstunde, wobei die Hefte und Bücher gemustert wurden. Ich bin sowohl zur Polizeistelle in St. Lorenzen wie auch zur vorgesetzten Stelle in Bruneck geladen worden, wobei ich eine ernstliche Verwarnung erhielt, im Falle einer weiteren Vornahme mit der Verbannung rechnen zu müssen …«

Obschon es dem Vatikan nicht gelungen war, 1929 bei den Konkordatsverhandlungen eine Garantie für den Gebrauch der Muttersprache im Religionsunterricht zu erhalten, sicherte der Artikel 22 des Konkordates den Pfarrunterricht in deutscher Sprache ab. Anschließend wurde es um den Religionsunterricht in Südtirol etwas ruhiger, wenn es auch weiterhin genügend Reibungspunkte und Schwierigkeiten gab. Im Jahr 1932 verfügte ein königliches Dekret die Anstellung von dreißig italienischen Geistlichen als Religionslehrer in den Volksschulen des Landes. Doch die konsequente Durchführung dieser Weisung, die auch gegen den Artikel 22 des Konkordates verstieß, scheiterte an einer Intervention des Vatikans und vor allem an der energischen Haltung des Brixner Generalvikars Alois Pompanin, der den fremden Priestern mit Exkommunikation drohte.

Im Februar 1933 musste sich der aus Sexten gebürtige Lüsener Kooperator Michael Summerer vor der Konfinierungskommission in Bozen wegen angeblicher Aufwiegelung der deutschen Bevölkerung gegen die italienische Schule verantworten. Summerer hatte nämlich eine italienische Lehrerin zurechtgewiesen, weil sie unrechtmäßigerweise bei einem deutschen Schulkind den Katechismus beschlagnahmt hatte. Der Kooperator wurde nun unter Polizeiaufsicht gestellt. Da er ohne Erlaubnis des Podestà von Lüsen an einem von Bischof Geisler geleiteten Pilgerzug nach Rom teilnahm, wurde er im Oktober des gleichen Jahres vom Brixner Bezirksgericht zu fünf Monaten bedingter Haft verurteilt. Im April 1934 wurde Summerer wieder verhaftet, weil er angeblich über die »Opera Balilla« gesagt haben soll, sie sei eine »mascherata«. Obwohl der Kooperator dies energisch bestritt, wurde er am 28. April 1934 auf die italienische Insel Lipari verbannt. Mitte Dezember 1934 wurde er nach Sardinien überführt und im September 1935 erfolgte die Begnadigung. Ähnlich erging es dem ebenso aus Sexten gebürtigen Kaplan von Steinhaus Anton Tschurtschenthaler, der am 8. April 1935 für zwei Jahre nach Potenza verbannt und im September desselben Jahres begnadigt wurde. Beide Priester wurden von den Behörden als Pangermanisten eingestuft. In den Jahren 1929 bis 1943 erhielten in der Provinz Bozen 128 Männer und Frauen Verbannungsverfügungen.

Das Vinzentinum zählte zu den wenigen Schulen, in denen zur Zeit des Faschismus noch deutsche Lehrer Unterricht in deutscher Sprache erteilten.

Kirche, höhere Schulen und Faschismus

Dem Italienisierungsprogramm des Faschismus standen besonders die Schulen in kirchlicher Trägerschaft im Wege. Sie galt es zu eliminieren. Von den elf höheren Schulen, die es damals in Südtirol gab, wurden sechs von kirchlichen Institutionen geleitet. Obwohl diese Schulen von den Faschisten nie verboten wurden, mussten sie aufgrund vieler gegen sie gerichteter Schikanen schließlich ihren Betrieb einstellen bzw. den Unterricht in italienischer Sprache erteilen.

Das traditionsreiche Benediktinergymnasium in Meran musste 1926 die Tore schließen. Das gleiche Schicksal ereilte 1926 auch das Gymnasium der Augustinerchorherren in Brixen. Nach der Aufhebung des Stiftsgymnasiums führten die Augustinerchorherren in Neustift ein kleines Seminar mit drei Klassen weiter.

Das Franziskanergymnasium in Bozen sah sich 1924 gezwungen, das Lyzeum aufzulassen und nur mehr fünf Klassen weiterzuführen. Damit konnte es als einzige der alten Klosterschulen in Südtirol seinen Fortbestand erhalten. Weil sich der Direktor P. Justus Kalkschmied (1886–1977) und die Professoren 1928 einer Lehrbefähigungsprüfung für Italienisch unterzogen hatten, sicherten sie den Fortbestand der Schule. Allerdings war Italienisch als Unterrichtssprache in allen Klassen vorgeschrieben. Im Jahr 1938 musste auch P. Justus das Handtuch werfen. Indem er zurücktrat und die Leitung der Schule dem aus der Provinz Toskana stammenden P. Neri überließ, konnte das Gymnasium noch einmal gerettet werden und es erhielt im Jahr 1940 sogar das Öffentlichkeitsrecht.

Gefährdet war auch das für die Ausbildung der Priester bestimmte Knabenseminar Vinzentinum. Nachdem Fürstbischof Johannes Raffl mit seinem Kanzler Josef Mutschlechner schon im Jahr 1922 die Schließung des Vinzentinums verhindert hatte, warteten die Faschisten nur auf eine günstige Gelegenheit, ihm den Todesstoß zu versetzen. Dazu schrieb der langjährige Direktor Josef Eder:»Eine besondere Aufgabe fiel dem Vinzentinum … in der Faschistenzeit zu … In dieser Zeit zählten einige kirchliche Gymnasien Südtirols, darunter das Vinzentinum, zu den wenigen Schulen, in denen noch deutsche Lehrer in deutscher Sprache Unterricht erteilten. Josef Mutschlechner hatte mit Bischof Raffl im Jahr 1922 die Gefahr einer Auflassung des Vinzentinums verhindert. Den faschistischen Behörden war diese Schule natürlich ein Dorn im Auge … ›Als um das Jahr 1927 die faschistischen Behörden nochmals versuchten, der verhaßten deutschsprachigen Bildungsstätte die Schlinge um den Hals zu werfen, indem man sanitäre Gesetze vorschützte, hat Mutschlechner einfach alle geforderten Neuerungen durchgeführt, so daß die staatlichen Kommissionen mit langen Gesichtern abziehen mussten‹.«

Weil es den Studenten des Johanneums in Bozen bzw. Meran nicht mehr möglich war, die dortigen Klosterschulen zu besuchen, entschied sich der Trienter Fürstbischof Endrici dafür, das Heim des Seraphischen Liebeswerkes in Dorf Tirol zu mieten und dort ein eigenes achtklassiges Gymnasium zu errichten. Schon am 17. Oktober 1928 konnten 145 Studenten einziehen. Da im Vinzentinum wie teilweise auch im Johanneum in Dorf Tirol weiterhin in deutscher Sprache unterrichtet werden konnte, kam diesen beiden Anstalten große Bedeutung für den Erhalt der Muttersprache zu. Claus Gatterer hat Recht, wenn er schreibt, es sei ein Verdienst der Kirche, »daß Südtirol aus den Schuljahrgängen 1926 bis 1939 einen wenigstens bescheidenen Akademiker-Nachwuchs, auch aus dem bäuerlichen Milieu, erhielt«. Hauptsächlich daraus rekrutierte sich nach dem Zweiten Weltkrieg die Führungsschicht der Südtiroler. Nachdem der Artikel 39 des Konkordates von 1929 die Unabhängigkeit der Seminare in Italien bestätigt hatte, war für Brixen und Dorf Tirol der deutschsprachige Unterricht gesichert. Berücksichtigt man noch die von deutschen Ordensfrauen geführten Mittelschulen für Mädchen, die allerdings die italienische Sprache im Unterricht verwenden mussten, dann wurden, wie Winfried Adler schreibt, im Schuljahr 1934/35 immerhin 924 Buben und Mädchen in Schulen erzogen, die unter deutscher Leitung standen. Diesen standen 2234 Jugendliche gegenüber, die staatliche Schulen besuchten.

31

Das »Katholische Sonntagsblatt«, das am 30. Jänner 1927 erstmals erschien

Kirche, deutsche Presse und Faschismus

Als es zur Teilung Tirols kam, konnte der beliebte »Tiroler Volksbote«, dessen Redaktion bereits 1915 nach Innsbruck umgezogen war, in Südtirol nicht mehr bezogen werden, so dass der Präsident der Tyrolia, Ämilian Schöpfer, den Priester Michael Gamper mit der Redaktion eines Südtiroler »Volksboten« betraute. Damit waren die Würfel für das zukünftige Leben von Gamper gefallen.

Im Jahr 1925 wurde zwar der »Verlag Tyrolia« südlich des Brenners in »Verlagsanstalt Vogelweider« und 1936 in »Verlag Athesia« umbenannt, konnte aber bestehen bleiben. Unter den speziell kirchlichen Zeitschriften durfte das 1857 gegründete »Brixner Diözesanblatt« immer erscheinen. Ebenfalls erfuhr das 1889 gegründete »Priester-Konferenzblatt« keine Unterbrechung. Im Jahr 1932 konnten sogar die »Vinzenzbriefe« und ab 1933 das

»Antoniusblatt« erscheinen. Von 1930 bis 1932 gab es in Süd-tirol den größten Kalenderboom. Aus dem reichhaltigen Angebot seien vor allem der »Reimmichls Volkskalender«, der »Missions-kalender«, »Das Werk des Erlösers«, der »Bozner Hauskalender« und der »St.-Kassian-Kalender« genannt. Letzteren redigierte ja von 1924 bis 1947 der berühmte Volkskundler Hermann Mang (1883–1947). Der aus Tarrenz stammende Priester hat diesen Kalender zu einem idealen Volksbuch gestaltet, das alljährlich den Familien des Landes Unterhaltung, nützliche Hinweise und reli-giöse Unterweisung ins Haus lieferte. In dieser schwierigen Zeit war der St.-Kassian-Kalender wohl die angesehenste und bedeutendste Publikation in Südtirol.

Mit dem Verbot der gesamten oppositionellen Presse in Italien im November 1926 mussten auch einige Zeitschriften der katholi-schen Presse ihr Erscheinen einstellen. So der »Volksbote«, der seit 1919 in Bozen erschien. Das gleiche Los traf auch die seit 1923 von der »Tyrolia« herausgegebene Tageszeitung »Dolomiten«. Nach-dem Gamper, der auch die »Verlagsanstalt Vogelweider« leitete, versprochen hatte, die Zeitungen von der Politik fernzuhalten und seine journalistische Tätigkeit gemäß den Grundsätzen des Staates auszuüben, durften der »Volksbote« und die »Dolomiten« bereits Ende 1926 wieder erscheinen. Gamper schrieb darüber: »Wenn auch unter den von der Regierung gestellten Bedingungen die ›Dolomiten‹ nicht mehr als unabhängiges Blatt betrachtet werden konnte, wie dies halbwegs noch beim ›Tiroler‹ und ›Landsmann‹ und auch beim bisherigen ›Volksboten‹ der Fall war, so empfand die Bevölkerung nach der schrecklichen zeitungslosen Zeit die Wiederherausgabe der beiden Zeitungen als ein richtiges ›Christ-kindl‹.« Damals wurde auch die Erlaubnis erteilt, das »Katholische Sonntagsblatt« als Organ der Diözese herauszugeben, das dann am 30. Jänner 1927 erstmals erschien, nachdem die berühmte »Brixener Chronik« 1925 von den Faschisten verboten worden war. Über die Herausgabe des »Katholischen Sonntagsblattes« schrieb dessen langjähriger Chefredakteur Johann Tschurtschenthaler: »Der Verwirklichung dieses Planes ... standen außerordentliche Schwierigkeiten entgegen, aber dank der überzeugenden Denkschriften eines Kanonikus Gamper an die höchsten kirchlichen und staatlichen Stellen und der persönlichen Vermittlung des Fürstbischofs Johannes Raffl und des Papstes Pius XI., die sich mit aller Kraft für unser Volk einsetzten, gelang es endlich, die Bewilligung zur Herausgabe des ›Katholischen Sonntagsblattes‹ von der Regierung in Rom zu erwirken.«

Der Fortbestand dieser Zeitungen wurde im Februar 1929 gesichert, als sie gemäß Artikel 43 des Konkordates unter die Blätter der Katholischen Aktion eingereiht wurden. Miteinbezogen waren auch die Zeitschriften »Die Frau«, »Jugendwacht« und »Der kleine Postillion«, ein spezielles Blatt für die Kinder. Letzteres war dem Nationalisten und Faschisten Ettore Tolomei ein Dorn im Auge. Deshalb forderte er eine italienische Kinderzeitschrift, die unter dem Namen »Il Balilla dell'Alto Adige« bereits 1928 erschien.

Provikar Josef Kögl, ein Symbol
des Widerstandes im deutschen
Anteil der Diözese Trient

Josef Kögl und Alois Pompanin: Symbole des Widerstandes zur Zeit des Faschismus

Ab 1929 bzw. ab 1933 wurden Provikar Josef Kögl in Trient und vor allem Generalvikar Alois Pompanin in Brixen immer mehr zu Symbolen des Widerstandes. Unter dem Faschismus hatte auch der Oberhirte der Diözese Trient Fürstbischof Cölestin Endrici (1904–1940) nicht wenig zu leiden. Im November 1926 wurde die Redaktion des »Nuovo Trentino« überfallen und konfisziert, so dass an dessen Stelle das diözesane Wochenblatt »Vita Trentina« gegründet wurde. 1926 wurden auch die sozialen Organisationen aufgehoben und ihr Kapital beschlagnahmt. Gegen Mitarbeiter der Katholischen Aktion ging das Regime mit Mitteln aller Art vor. Anlässlich des 25-jährigen Bischofsjubiläums erhob der Heilige

Stuhl 1929 Endrici zum Erzbischof und Trient zum Erzbistum. Für den aus Rovereto stammenden Senator auf Lebenszeit Ettore Tolomei (1865–1952), einem leidenschaftlichen Verfechter der Italienisierung Südtirols, war Endrici ein Gegner des Regimes, den er weghaben wollte. So schrieb er 1932 an Innenminister Rocco: »Den Erzbischof von Trient würde ich zum Kardinal machen.«

Für die bischöfliche Betreuung des deutschen Anteils der Diözese Trient stand Erzbischof Endrici anschließend der aus dem Nonstal stammende Weihbischof Oreste Rauzi zur Seite. Nach dem Tode Endricis wurde Rauzi auch Kapitelvikar und leitete die Erzdiözese bis zur Ernennung von Carlo De Ferrari zum neuen Erzbischof von Trient. Schon im Jahr 1939 unternahm Weihbischof Rauzi seine erste große Firmungsreise im deutschen Anteil Trients. Diesen Teil der Diözese betrachtete er seitdem als sein besonderes Seelsorgegebiet, zumal der neue Erzbischof der deutschen Sprache nicht mächtig war.

In Trient verkörperte Josef Kögl den Widerstand gegen den Faschismus. Kögl wurde am 6. Juni 1898 in Bozen geboren. Sein Vater war Schmied und von ihm mag der spätere Provikar auch die schwere, aber sichere Hand geerbt haben, mit der er den deutschen Anteil leitete. Seine überdurchschnittliche Begabung fiel schon während seiner Studienzeit am Franziskanergymnasium in Bozen und später an der Gregoriana in Rom auf, wo er mit einem zweifachen Doktorat abschloss. In der Ewigen Stadt wurde er im Jahr 1923 auch zum Priester geweiht. In die Heimat zurückgekehrt, berief ihn Bischof Endrici gleich als Sekretär an das Ordinariat nach Trient. Als Provikar Balthasar Rimbl, der für den deutschen Anteil zuständig war, 1929 in den Ruhestand trat, wurde Josef Kögl mit dessen Aufgaben betraut. Der deutsche Anteil der Diözese Trient hatte in dieser Zeit eine ziemlich weit reichende Selbstverwaltung, so dass Tolomei schreiben konnte: »Was von Salurn aufwärts bis zum Brenner liegt, ist für ihn (gemeint ist Bischof Endrici) ein fremdes Haus; er bleibt gleichgültig und lässt seine deutschen Herren in der Kurie, seine deutschen Pfarrer in den Oberetscher Dekanaten schalten und walten.«

In Brixen wurde Generalvikar Alois Pompanin, der auf Fürstbischof Geisler großen Einfluss ausübte, immer mehr zum Symbol des Widerstandes gegen den Faschismus. Pompanin trug entscheidend dazu bei, dass sich Geislers Verhältnis zum Faschismus nach 1933 wesentlich verhärtete. Als immer mehr Geistliche vom Regime bedroht bzw. ins Exil geschickt sowie italienische Priester nach Südtirol geschleust und 1934 auch die Gesellenvereine unterdrückt wurden, kündigte Geisler am 25. April 1935 in einem scharfen Schreiben an den Bozner Präfekten Giuseppe Mastromattei an, dass er nicht gewillt sei, an der Instrumentalisierung der Religion zur Unterdrückung der deutschen Minderheit mitzuarbeiten. Geisler verbot auch jegliche Propaganda oder gar Sammeltätigkeit zugunsten des Abessinienkrieges. Infolge der rapiden Verschlechterung der Beziehungen zwischen Geisler und dem Regime wurden seit 1936 Befürchtungen über eine bevorstehende Verhaftung des Oberhirten laut. Seitdem lehnten sich Geisler und vor allem sein Generalvikar immer stärker an das nationalsozialistische Deutschland an, während die Sympathien der Mehrheit des Klerus dem benachbarten Österreich galten. So entwickelte sich zwischen der Brixner Bistumsleitung und dem übrigen Klerus allmählich jener Gegensatz, der dann in der Optionsfrage offen ausbrach.

SEGRETERIA DI STATO
DI SUA SANTITÀ

DAL VATICANO, 13 Giugno 1940

N° 5053/40
DA CITARSI NELLA RISPOSTA

Eccellenza Reverendissima,

È' pervenuta al Santo Padre la lettera dell'Eccellenza Vostra Reverendissima in data 4 corrente mese nella quale Ella espone le varie ragioni che La spingono a rinnovare la preghiera di essere dispensata dal governo di cotesta Diocesi.

L'Augusto Pontefice, attesi i gravi motivi fatti presenti dall'Eccellenza Vostra, non è alieno dal prendere in benevola considerazione la Sua domanda di dimissioni; ma ciò quando sia esaurita la questione dell'emigrazione, perché non è opportuno che Ella lasci la Diocesi in questi momenti così delicati e prima che siano sciolte le numerose questioni connesse con il problema Altoatesino, tuttora pendenti.

Profitto volentieri dell'incontro per raffermarmi con sensi di

----
A Sua Eccellenza Reverendissima
MONSIGNOR GIOVANNI GEISLER
Vescovo di
BRESSANONE

Schreiben von Kardinal-staatssekretär Luigi Maglione vom 13. Juni 1940 an Fürstbischof Johannes Geisler, das den Rücktritt des Oberhirten betrifft

Der Vatikan und das Rücktrittsgesuch von Fürstbischof Johannes Geisler

Die Optionszeit zählt zu den erschütterndsten Kapiteln der Kirchengeschichte Südtirols. Als es in den Jahren 1939/40 in Südtirol galt, sich unter massivem Druck für einen Verbleib im faschistischen Italien oder für eine Aussiedlung ins nationalsozialistische Deutschland zu entscheiden, kam es nicht nur im Volk, sondern auch im Klerus zu einer tiefen Spaltung.

Am 23. Juni 1939 einigten sich Deutschland und Italien, die Südtirolfrage mit einer Umsiedlung der Bevölkerung endgültig zu lösen. Da die Kirche auf die Bevölkerung großen Einfluss hatte, wurde ihrem Verhalten von den Kontrahenten größte Bedeutung zugemessen. Papst Pius XII. (1939–1958) wies die beiden Bischöfe Geisler (Brixen) und Endrici (Trient) in einer eigens einberufenen

Audienz an, in dieser Frage den Klerus zu Zurückhaltung und Klugheit zu ermahnen. Das Abkommen selbst hat der Vatikan öffentlich nicht nur nicht verurteilt, sondern mit einem Artikel im »L'Osservatore Romano« vom 25. Oktober 1939, den wahrscheinlich der Chefredakteur Graf Dalla Torre selbst verfasst hat, sogar gutgeheißen. Damit hat er die Hoffnungen der Südtiroler auf eine wirksame Hilfe von Seiten des Heiligen Stuhles zunichte gemacht. Später änderte der Vatikan sein Verhalten. Bereits in der halboffiziösen Jesuitenzeitschrift »Civiltà Cattolica« vom 2. März 1940 wurde in einem Beitrag mit dem Titel »Deportazioni antiche e recenti« die Umsiedlung von Völkern verurteilt.

Als der Brixner Fürstbischof Geisler während der Optionszeit immer mehr erkannte, dass eine geschlossene Ansiedlung der Südtiroler im Reich nicht mehr in Frage kam und er in Deutschland auch nicht mehr gebraucht werde, kehrte er zu seiner schon im Oktober gehegten Absicht zurück und suchte in Rom um seine Pensionierung an. Anfang Dezember wollte er nach Rom reisen und dem Heiligen Stuhl erneut ein entsprechendes Gesuch unterbreiten. Die Reise unterblieb dann, weil er die Nachricht erhalten hatte, dass der Optionstermin für den Klerus verschoben worden war. In Rom besaß Geisler im Jesuitenpater Robert Leiber eine wichtige Kontaktperson. Im März 1940 ließ Geisler Papst Pius XII. durch Pater Leiber eine Eingabe zukommen, in der er darlegte, dass er seine Stellung in Brixen nach geschehener Abwanderung der Südtiroler für absolut unhaltbar betrachte, und da er sich lieber in seine Heimat in den Ruhestand zurückziehen wolle, ersuchte er den Papst dringend, für Deutschland optieren zu dürfen.

Da der Heilige Stuhl auf diese Wünsche des Bischofs nicht reagierte, wiederholte Geisler sein Ansuchen am 4. Juni 1940. Von seinem Sekretär Johann Untergasser ließ er abermals durch Pater

Leiber ein Schreiben an den Papst und eines an das Staatssekretariat übermitteln. Das erste betraf die Bitte um die Optionsbewilligung und die Annahme seines Rücktritts, das zweite enthielt konkrete Vorschläge, die sich auf die Umsiedlung bezogen. Jetzt reagierte der Vatikan sofort. Bereits am 13. Juni 1940 richtete Kardinalstaatssekretär Luigi Maglione an Geisler ein Schreiben, in dem es wörtlich hieß: »Der Papst ist in Anbetracht der ernsten, von Eurer Exzellenz vorgebrachten Gründe nicht abgeneigt, Ihr Entlassungsgesuch in wohlwollende Erwägung zu ziehen: dies aber erst, wenn die Umsiedlungsfrage erledigt ist, weil es nicht angebracht ist, dass Sie die Diözese in diesem so heiklen Augenblick, bevor die zahlreichen, mit dem Hochetschproblem zusammenhängenden Fragen gelöst sind, verlassen.« Nicht genug damit. Am 17. Juni 1940 erschien sogar der Botschaftsrat des Vatikans am Quirinal, Monsignore Giuseppe Misuraca, als Gesandter des Heiligen Stuhles in Brixen. Dies führte in Südtirol zur irrigen Meinung, dass der Monsignore Geisler entweder zur Option für Italien oder zum freiwilligen Rücktritt zwingen sollte. Das Gegenteil war der Fall. Misuraca sollte Geisler im Namen des Papstes bewegen, »seinen Antrag zurückzustellen, weil sein Rücktritt vor der Abstimmung bei der Bevölkerung falsch hätte ausgelegt werden können«. Misuraca war auch mit der Entscheidung Geislers – »Der gute Hirt folgt seiner Herde« – einverstanden und unterstützte ihn in seinem Vorhaben.

Der Heilige Stuhl ließ Fürstbischof Johannes Geisler am 14. Juli 1940 wissen, dass er die Diözese sofort verlassen könne.

Der Vatikan und die Aufforderung, Fürstbischof Geisler möge die Diözese sofort verlassen

Im März 1940 hatte die Kontaktperson Geislers in Rom, der Jesuitenpater Robert Leiber, dem Fürstbischof empfohlen, er möge den Klerus privatim fragen, wie viele Geistliche bereit wären, nach Deutschland zu ziehen, wenn dort eine geschlossene Ansiedlung der Südtiroler geschaffen würde. Auch solle er mit moralischen Beweggründen auf den Klerus einwirken, damit sich eine genügende Anzahl dafür melde. Diese Zahl sollte dann dem Papst mitgeteilt werden. Geisler aber äußerte zu diesen Anregungen große Bedenken, da ihm bei seiner Fragebogenaktion im November 1939 der Klerus die größten Vorwürfe gemacht hatte. Die Umfrage wäre aber durchführbar, so meinte Geisler, wenn der Heilige Stuhl in der Antwort auf eine Eingabe von Dompropst Adrian Egger, Domdekan Hermann Mang und Seminarregens Josef Steger auf die Unmöglichkeit hinweisen würde, dass der deutsche Klerus geschlossen in Südtirol bleiben könne, und auf die Notwendigkeit, dass die Auswanderer auch in ihrer neuen Heimat seelsorglich betreut werden müssten.

Obwohl der Heilige Stuhl auf diese Wünsche Geislers nicht einging, forderte er bereits im April und dann noch einmal im Mai 1940 die Durchführung der Fragebogenaktion. Somit legte Geisler den Geistlichen wieder den Fragebogen vor, den er schon im vergangenen Herbst dem Klerus zugesandt hatte, um statistische Daten zu sammeln. Genau genommen waren es zwei Bögen: der eine betraf die persönliche Stellungnahme der einzelnen Priester und der zweite statistische Daten. Geisler untersagte den Priestern, diese Fragebogen mit anderen zu besprechen. Im Schreiben an Pater Leiber vom 5. Juni 1940 bat Geisler darum, der Vatikan möge sich dafür verwenden, dass sowohl in der Diözese Brixen, als auch im deutschen Anteil der Diözese Trient so viele Geistliche für Deutschland optieren, damit wenigstens jeder auswandernden Seelsorgegemeinde ein Geistlicher mitgeschickt werden könne. Andernfalls würden die Folgen, wie Geisler meinte, für die Religion in Bezug auf die Umsiedler »geradezu katastrophal« sein. Der Vatikan ging auf dieses Ansinnen des Bischofs nicht ein und ließ allen Geistlichen in der Optionsfrage völlige Freiheit.

Papst Pius XII. reagierte auf die Option von Bischof Geisler, indem er den Botschaftsrat des Vatikans am Quirinal, Giuseppe Misuraca, ein zweites Mal nach Brixen schickte. Der Monsignore traf am 14. Juli 1940 in der Bischofsstadt ein und wurde von der Bevölkerung auch sofort erkannt. Da Geisler sich aber zu dieser Zeit auf seinem Sommersitz in Bruneck aufhielt, begab sich Misuraca dorthin. Bei der Bevölkerung erregte vor allem der Umstand Aufsehen, dass Geisler seine Sommerferien abbrach und mit dem päpstlichen Gesandten nach Brixen zurückkehrte. Nachdem »Dableiber-Kreise« gleich nach der Option des Bischofs das Gerücht in Umlauf gesetzt hatten, dass Geisler bald abdanken müsse, brachte die Bevölkerung den erneuten Besuch Misuracas mit diesem Gerede in Verbindung. In der Folge wurde die Aufregung immer größer, so dass sich die deutschen Behörden mit der Bitte an das Auswärtige Amt wandten, unmittelbar die Deutsche Botschaft am Vatikan zu unterrichten, damit entsprechende Schritte unternommen würden. In dem Schreiben heißt es weiter: »Vielleicht ließe sich dabei der deutschen Botschaft beim Vatikan auch mitteilen, dass der überwiegend kirchlich gebundene Teil der Bevölkerung die eigene Option für Deutschland in der Entscheidung des Bischofs noch nachträglich gerechtfertigt gefunden hat. Sollte nun dem Bischof aus seiner Option für Deutschland kirchlicherseits irgendein Nachteil entstehen, so wären die Folgen auf kirchlichem Gebiet überhaupt nicht abzusehen. Ein Kirchenstreik mit allen möglichen Folgen liegt durchaus im Bereich des Möglichen.«

In der Tat hatte Misuraca Geisler am 14. Juli 1940 mündlich mitgeteilt, der Heilige Stuhl sei wegen neu hinzugekommener Gründe zum Schluss gelangt, es sei ihm freigestellt, zurückzutreten und die Diözese sofort zu verlassen. Einem Brief nach, den Geisler am 17. August 1940 an den Papst richtete, kam dies einer Absetzung gleich. Aller Wahrscheinlichkeit nach hat der Druck der Deutschen Botschaft auf den Vatikan bewirkt, dass es Geisler freigestellt wurde, den Zeitpunkt seines Rücktrittes und das Verlassen der Diözese Brixen selbst zu bestimmen.

Generalvikar Alois Pompanin –
gegen ihn erhoben die »Dableiber-
Priester« schwere Vorwürfe.

Der Vatikan und die »Dableiber-Priester«

Auch die »Dableiber-Priester« machten Eingaben an den Heiligen
Stuhl bzw. nahmen Kontakt mit Rom auf. Auf das geharnischte
Schreiben von Generalvikar Pompanin an den Dekan von Stil-
fes, Johann Unterleitner, vom 5. April 1940, von dem noch die
Rede sein wird, reagierten Egger, Mang und Steger sowie Dekan
Peter Frenademez von Cortina d'Ampezzo, mit dem Entschluss
in die Ewige Stadt zu fahren. Es kam dann nicht dazu. Wohl
aber weilte Dekan Frenademez vom 14. bis 20. April 1940 in
Rom und traf dort die Monsignori De Angelis, Confalonieri und
Dell'Acqua sowie Unterstaatssekretär Domenico Tardini. Frena-
demez überreichte dabei auch ein Memorandum, in dem er den
Heiligen Stuhl über die bedenkliche Lage in Brixen informierte.
Da aber gleichzeitig auch eine Aktion von Trient aus in Rom lief,

unterbrach Frenademez auf Wunsch der Brixner Freunde seinen römischen Einsatz.

Zum Schreiben des Generalvikars nahmen Dompropst Egger, Domdekan Mang und Seminarregens Steger im Mai 1940 in einer ausführlichen Denkschrift Stellung. Am 13. Mai 1940 richteten sie auch im Namen des Klerus ein Schreiben an Pius XII., in dem sie vor allem darum baten, der Papst möge im Einvernehmen mit den staatlichen Stellen erreichen, dass der Klerus vorderhand von jeder Optionspflicht befreit werde. Als Gründe wurden angegeben, dass eine Option für Deutschland erst gerechtfertigt erscheine, wenn einerseits die Auswanderung endgültig zur Tatsache geworden wäre und andererseits zweifellos feststehe, dass es zu einer geschlossenen Ansiedlung der Südtiroler komme. Da es nicht möglich war, einen weiteren Aufschub zu erreichen und der Optionstermin für die Kleriker am 30. Juni 1940 ablief, hat der Vatikan allen Geistlichen volle Freiheit gelassen. Beim Besuch des Botschaftsrates des Vatikans am Quirinal Giuseppe Misuraca am 14. Juli 1940 in Brixen hat es auch ein Treffen mit den Vertretern dieser Geistlichen gegeben. In diesem Zusammenhang bat Mons. Marchioni, der Misuraca begleitete, Seminarregens Steger und seine Freunde, sich gleich an das Staatssekretariat zu wenden, sollte es weitere Schwierigkeiten mit der Diözesanleitung geben. Dies haben Steger und seine Mitstreiter dann auch getan. Als sich nämlich die Beziehungen zwischen der Brixner Kurie und dem Klerus weiter verschlechterten, ersuchten Egger, Mang und Steger im November 1940 im Namen des Klerus den Heiligen Stuhl um eine möglichst schnelle Änderung in der Diözesanleitung.

In diesem Schreiben heißt es: »Bezüglich der Auslieferung der Pfarrchroniken an die Nationalsozialisten sucht das Fb. Ordinariat den Einspruch des Heiligen Stuhles zu umgehen ... Wir bitten den Heiligen Stuhl dringend, es möge verhütet werden, dass die Pfarrchroniken und ähnliche Dokumente ... den Nationalsozialisten ausgeliefert werden müssen ... Der Autorität des Hochwürdigsten Fürstbischofs beim Klerus und sehr vielen Laien wurde schon gelegentlich der politischen Demonstration bei seiner Option ein harter Schlag versetzt ... Die Autorität des Hochwst. Fürstbischofs hat beim Großteil des Klerus auch dadurch viel eingebüßt, dass das Fb. Konsistorium, dessen Mitglieder mit einer Ausnahme in der Heimatdiözese bleiben wollen, seit einem Jahre ausgeschaltet worden ist, während es früher ... regelmäßig ungefähr alle 14 Tage zur Beratung der Diözesanangelegenheiten einberufen worden war ... Die Entfremdung zwischen Bischof und Klerus wird beschleunigt durch parteiische Behandlung des Klerus ... Es ist doch in aller Erinnerung, wie auch von Seiten der Fb. Kurie den Priestern, die sich für die Beibehaltung der italienischen Staatsbürgerschaft entschieden haben, unedle Beweggründe unterschoben worden sind: es wurde von ›mercennarii‹ geredet ... Der Hinweis auf die Glaubensgefahren, denen die Abwandernden ausgesetzt sind, wurde und wird als Politik und Stellungnahme gegen den Nationalsozialismus gebrandmarkt. Es genügte öfters die Anzeige eines Priesters von Seiten nationalsozialistischer Agitatoren beim Fb. Ordinariat, um ihn Schikanen und sogar Strafmaßregelungen auszusetzen. In die letzte Zeit fiel die vom Herrn Generalvikar beim Hochwst. Fürstbischof nach längerem Drängen erwirkte Überwachung und Misstrauensäußerung für das ›Katholische Sonntagsblatt‹ und das ›Priester-Konferenzblatt‹ mit Vorzensur seit 16. Oktober 1940 ... Ein ganz anderer Maßstab wird bei jenen angelegt, die sich für die nationalsozialistischen Bestrebungen einsetzten ... Jedenfalls ist es nicht verständlich, dass solche ungehindert für die Auswanderung werben, in nationalsozialistischen Versammlungen

Propagandareden halten, schwer entehrende und lügenhafte Propaganda-Werbezettel an Mitbrüder … mit der Post versenden und auf der Kanzel offen für die Auswanderung predigten konnten … Die Werbetätigkeit für die Pläne des Nationalsozialismus, speziell vonseiten des Herrn Generalvikars lässt nicht nach … Viel schwerer begreiflich ist es aber, dass der Herr Generalvikar auch jetzt noch, nachdem die Scheidung vollzogen ist, für die Auswanderung sich einsetzt, und vor allem dass er wieder ein Argument hervorzieht, das die nationalsozialistischen Laien schon ziemlich fallen gelassen haben … Man soll sich nur keiner Hoffnung hingeben, dass die Deutschsprechenden in der Heimat bleiben dürfen … Endlich möchten die Gefertigten darüber Beschwerde erheben, dass sie wegen ihres Rekurses an den Heiligen Vater gleichsam als Rebellen hingestellt und ihnen unlautere Motive unterschoben werden … So geht unsere dringende Bitte an den Heiligen Stuhl dahin, es möge eine Änderung in der Diözesanregierung vorgenommen werden … Den Hauptanstoß bei früheren und bei den jetzigen Schwierigkeiten bildete und bildet die Person des Hochwürdigsten Generalvikars Dr. Alois Pompanin, von dem sich der Hochwürdigste Fürstbischof viel zu viel abhängig gemacht hat … Als wir aufmerksam machten, dass sein grobes, draufgängerisches Verhalten manchmal wirklich ans Pathologische grenze, meinte der Fürstbischof, das Geniale und Pathologische stünden eben oft enge beisammen.« In Gegenwart des Fürstbischofs wurde dem Generalvikar ins Gesicht gesagt, dass er der »bestgehasste Mann in der Diözese« sei.

Erzbischof Cölestin Endrici von Trient – er war für den Verbleib der Südtiroler in der Heimat.

Die Trienter Kurie und die Option

Fürstbischof Cölestin Endrici (1904–1940) war nicht der »italienische Chauvinist und Philofaschist«, wie er von manchen dargestellt wird, vielmehr bemühte er sich immer wieder um einen nationalen Ausgleich. Dafür sprechen unter anderem auch die vielen Klagen eines Ettore Tolomei über die deutschfreundliche Haltung des Oberhirten. Endrici hat sich gemäß den Weisungen des Heiligen Stuhles in der ganzen Optionsangelegenheit sehr zurückgehalten. Am 26. Oktober 1939 gab er zusammen mit Geisler im »Volksboten« eine neutrale Stellungnahme zur Option ab. Angesichts der lautstarken Propaganda, die für und gegen die Option gemacht wurde, sah sich der Oberhirte aber am 13. November 1939 genötigt, den Geistlichen des deutschen Anteils eine Mahnung zukommen zu lassen. Nachdem Geisler aber seine neutrale Linie nach außen aufgegeben hatte, trat auch Endrici aus seiner Reserve.

Am 1. Dezember 1939 sprach sich Endrici in einer Verlautbarung, die er in seinem Diözesanblatt veröffentlichen ließ, entschieden gegen die Umsiedlung aus. In diesem Zusammenhang ging es vor allem um eine amtliche italienische Zusicherung über die Haltlosigkeit der Befürchtungen einer Umsiedlung in den Süden. Wörtlich heißt es darin: »…dass alle, die italienische Staatsbürger bleiben wollen, weiterhin frei im Alto Adige verbleiben können … dass niemand an eine Umsiedlung der volksdeutschen Bevölkerung nach anderen Provinzen auch nur denke und dass eine solche auch nicht stattfinden wird.« Die Stellungnahme des Trienter Oberhirten erschien auch im »Katholischen Sonntagsblatt« und im »Volksboten« mit dem Titel »Zu der kirchlichen Seite der Oberetscher Auswanderungsfrage«. Dies geschah allerdings gegen den Willen Geislers und folglich auch ohne dessen Unterschrift. Hier wurde auch mitgeteilt, dass die Optionsfrist für Geistliche bis zum 30. Juni verlängert wurde.

Während dieser Aufruf Endricis keine große Wirkung zeigte, weil er mit der Bemerkung, er sei ein Italiener, leicht entkräftet werden konnte, übte das Verhalten Geislers großen Einfluss auf die Bevölkerung aus. Der Pfarrer von Gufidaun Josef Antholzer hatte wohl recht, wenn er in einem Brief vom 29. Dezember 1939 an Kanonikus Gamper schrieb, dass viele Bauern der Diözese Brixen sich für die Heimat entschieden hätten, wenn auch der eigene Bischof in letzter Minute den Appell Endricis unterzeichnet hätte. Wörtlich schrieb er: »Schon gab ich mich der frohen Hoffnung hin, wenigstens die Bergbauern von Gufidaun für die Heimat gewonnen zu haben – sie wären geschlossen geblieben – aber heute wurde mir durch die Kurie in Brixen alles über den Haufen geworfen und nun wandern sie geschlossen aus. Gestern abends brachte ein Knecht aus Felthurns die Nachricht, zwei Felthurner Bauern seien beim Bischof von Brixen gewosen und dieser hätte ihnen gesagt, er habe die Erklärung des Trienter Bischofs nicht unterfertigt, weil er keine Lüge unterschreibe; die fürs Bleiben stimmten, müssten nach Sizilien und können nicht hier bleiben. Ich sagte den Bauern: ›Ist eine blöde Lüge, wie sie heute zu Hunderten vertrieben werden.‹«

Am 10. Mai 1940 äußerte sich Endrici zum Optionsergebnis. Er stellte fest, dass »bei 80 Prozent der Bevölkerung diese Argumente der Nazipropaganda keinen Erfolg gehabt (hätten), wenn die ganze Option nicht der Ausbruch einer Reaktion gegen die von Senator Ettore Tolomei suggerierten und dem Präfekten Mastromattei angewendeten Methoden gewesen wäre, Methoden, die heute auch von den italienischen Behörden als falsch anerkannt werden.«

Nach der erfolgten Option des Klerus hieß es in einer weiteren Stellungnahme vom 10. Juli 1940, die auf Geheiß des Bischofs am 14. Juli von allen Kanzeln des deutschen Anteils verlesen wurde, dass die Geistlichen »angesichts der unklaren Verhältnisse nach bester Erkenntnis und Gewissen« entschieden hätten und dass nach erfolgter geschlossener Umsiedlung die Trienter Kurie bereit wäre, wenn notwendig, weitere Priester zur Verfügung zu stellen.

Der Zweigstellenleiter der Amtlichen Deutschen Ein- und Rückwandererstelle von Brixen, Erich Petschauer, begrüßt Fürstbischof Johannes Geisler auf dem Gang zur Option. Links von Geisler Generalvikar Alois Pompanin, rechts außen Mensalverwalter Josef Stifter.

Die Brixner Diözesanleitung und die Option

Der Brixner Fürstbischof Johannes Geisler war zunächst gegen die Umsiedlung. In einer Gedenkschrift des Brixner Klerus vom Mai 1940 heißt es dazu: »Es soll dabei nicht vergessen werden, dass in der ersten Zeit der Optionsfrist zwischen Bischof und Klerus keine Verschiedenheit in der Auffassung über die Auswanderungsfrage bestanden hat. Damals hat der Hochwst. Fürstbischof sogar durch die Dekane die Seelsorger anweisen lassen, sie möchten – bei aller gebotenen Zurückhaltung – den Leuten aus religiösen Gründen den Rat erteilen, in der Heimat zu verbleiben. Das spätere Abweichen von dieser ursprünglichen Haltung ist wohl von der bekannten Einstellung des Generalvikars gegenüber dem Nationalsozialismus und von dem sehr lebhaften und andauernden Kontakt verursacht, den die NS-Leiter der Auswanderungsstellen im Lande mit der bischöflichen Burg in Brixen herzustellen verstanden.« Im Schreiben von Dompropst Adrian Egger, Domdekan Hermann Mang und Seminarregens Josef Steger an den Heiligen Stuhl vom November 1940 heißt es über den Einfluss Pompanins auf Geisler: »Den Hauptanstoß bei früheren und bei den jetzigen Schwierigkeiten bildete und bildet die Person des Hochwürdigsten Generalvikars Dr. Alois Pompanin, von dem sich der Hochwürdigste Fürstbischof viel zu viel abhängig gemacht hat.«

Viel drastischer drückte dies die Schriftstellerin Maria Veronika Rubatscher aus. Demnach wurde Geisler »unter dem Einfluss seines Generalvikars Pompanin zum nie wiedergutzumachenden Unheil für Südtirol«. Auch viele Priester, die gegen die Umsiedlung kämpften, waren der Auffassung, Geisler habe sich ganz dem Generalvikar preisgegeben. Der pensionierte Pfarrer Anton Schwingshackl sagte 1986 in einem Interview: »Natürlich, der Bischof war ein Opfer des Pompanin, des Generalvikars, der den Hitler fast angebetet hat.« Dass Pompanin Hitler beinahe angebetet hätte, ist ohne Zweifel übertrieben, sicher ist aber, dass er den Ladiner verkörperte, der sich entschieden zum »Deutschtum« bekannte.

Der Wandel, den Geisler in der Optionsfrage durchmachte, war bereits im Oktober 1939 zu erkennen. Trotz der Ermahnungen des Papstes, Zurückhaltung und Klugheit zu üben, empfing er am 19. Oktober den Leiter der Amtlichen Deutschen Ein- und Rückwandererstellen (ADERSt), SS-Hauptsturmführer Wilhelm Luig, zusammen mit dem Zweigstellenleiter der ADERSt von Brixen, Erich Petschauer, in Audienz. Dabei erkannte er die Umsiedlung als »politische Notwendigkeit« an und informierte sich über die technische Durchführung des Unternehmens. Er befürwortete ein geschlossenes Siedlungsgebiet für die Südtiroler, hielt das Beskidengebiet aber nur für einen Teil der Bevölkerung geeignet. Er äußerte auch die Überzeugung, dass der überwiegende Teil der Geistlichen und der Bevölkerung nach Deutschland gehen werde und fügte hinzu, auch er wolle »mit dem Volk hinausziehen«, allerdings nach der Umsiedlung in Pension gehen. Er bat dann Luig, die Frage des Bischofssitzes im Siedlungsgebiet und die »Frage der Ablösbarkeit des Kirchenvermögens zu prüfen«. Luig, der dieses Gespräch für äußerst wichtig hielt, unterbreitete Himmler die Frage, ob man »an die Errichtung eines Bischofssitzes im Ansiedlungsgebiet« überhaupt denken könne. Obwohl Geisler der NS-Behörde seine Meinung klargemacht hatte, ließ er zusammen mit seinem Mitbruder Endrici am 26. Oktober 1939 im »Volksboten« die schon genannte neutrale Stellungnahme zur Umsiedlung veröffentlichen.

Auch wenn er möglicherweise für sich schon die Entscheidung getroffen hatte, konnte er es sich dennoch nicht erlauben, öffentlich für die Umsiedlung zu werben; am 27. Oktober 1939 erließ er sogar eine Weisung an den Klerus, die zunächst ein Options- und kategorisches Propagandaverbot sowie die Ermahnung enthielt, die Geistlichen sollten allen Gläubigen, gleich welche Entscheidung sie auch immer träfen, als Seelsorger begegnen. Aus dem vollständigen Text dieser Weisung war aber schon zu erkennen, dass Geisler und sein Generalvikar für die Umsiedlung eintraten.

Fürstbischof Johannes Geisler bei der Option am 25. Juni 1940. Links von ihm der Zweigstellenleiter der Amtlichen Deutschen Ein- und Rückwandererstelle von Brixen, Erich Petschauer. Im Hintergrund von links Hofkaplan Johann Untergasser, Generalvikar Alois Pompanin und Mensalverwalter Josef Stifter

Geisler optiert für Deutschland

Was den Brixner Fürstbischof Johannes Geisler unter anderem auch bewog, sich für die Umsiedlung ins Reich auszusprechen, war die Furcht vor einer Transferierung nach Altitalien. Bereits im Juli 1939 kam das Gerücht auf, dass alle Südtiroler, die nicht für Deutschland optierten, südlich des Po angesiedelt würden. Am 29. August 1939 schrieb Generalvikar Pompanin an Kanonikus Michael Gamper, dass Südtiroler Soldaten erzählten, Sizilianer hätten ihnen mitgeteilt, die auf der Insel neu gebauten Dörfer wären für die Südtiroler bestimmt.

Besonders negativ wirkte sich auf Geisler sein vergebliches Bemühen um eine Audienz bei Mussolini am 14. November 1939 in Rom aus, bei welcher in der Frage der Umsiedlung nach Altitalien eine Klärung hätte herbeigeführt werden können. Tatsache ist, dass er bereits am 17. November 1939 der Amtlichen Deutschen Ein- und Rückwanderungsstelle (ADERSt) einen Fragebogen zur Umsiedlung nach Deutschland unterbreitete, um alle Fragen, die das Vorhaben für Kirche und Klerus mit sich bringen würden, vorher klären zu können. Er erkundigte sich, was mit dem geschlossenen Siedlungsraum wäre, wo die Geistlichkeit vorläufig Aufnahme finden könnte und wie es um den Klerus bestellt sein würde, falls der versprochene Siedlungsraum nicht gefunden würde. Die Geistlichen sollten nach Geisler auch einen Aufschub des Zeitpunktes ihrer Abwanderung bekommen. Ganz besonders wichtig schienen ihm die Fragen, die sich aus der Ablösung der Kirchengüter ergaben. Vor allem aber ging es ihm darum, dass die deutsche Regierung mit dem Vatikan Verhandlungen aufnehme.

Geisler wollte auch wissen, wie sich der Klerus zur Option stellt, um Anfang Dezember 1939 nach Rom reisen und mit dem Vatikan verhandeln zu können. Deshalb übermittelte er am 19. November jedem Priester den erwähnten Fragebogen. Aus dem entsprechenden Begleitschreiben ging klar hervor, dass Geisler für die Option eintrat. Während die ADERSt über diese Entwicklung in der Brixner Kurie jubelte, da sie sich endlich ein Nachlassen der feindlichen Einstellung des Klerus gegenüber der Umsiedlung erhoffte, waren die Geistlichen über diesen Fragebogen empört. Im März 1940 schloss Geisler mit den deutschen Behörden eine Vorvereinbarung ab, die die Fragen der Versetzung und Besoldung des Klerus sowie Probleme der Überführung des kirchlichen Vermögens der Diözese in das Deutsche Reich behandelte. Nachdem sich sowohl der Bischof als auch Reichsführer Heinrich Himmler mit diesen Vereinbarungen einverstanden erklärt hatten, sollte nun die deutsche Regierung die Dinge mit dem Vatikan klären. Diese Gelegenheit wollten die deutschen Behörden auch dazu nützen, um in Rom kundzutun, dass sie an einer bestimmten Verwendung des Brixner Bischofs keinerlei Interesse mehr hätten. Damit war klar, dass sie Geisler nur an der Nase herumgeführt, d. h., dass sie ihn bewusst getäuscht hatten. Bei den Verhandlungen mit dem Vatikan sollte auch betont werden, dass es sich bei der Überführung des kirchlichen Vermögens um eine Translation und nicht um eine Säkularisation handelte.

Geisler wollte eigentlich am 18. Juni 1940 optieren; den deutschen Behörden gelang es aber, ihn bis zum 25. Juni hinzuhalten. Man brauchte eine Woche, um die entsprechenden Propagandamaßnahmen vorzubereiten. Am 25. Juni 1940 optierte Geisler dann gemeinsam mit Generalvikar Alois Pompanin, Hofkaplan Johann Untergasser und Mensalverwalter Josef Stifter im ADERSt-Büro von Brixen – ehemaliges Hotel Excelsior – für Deutschland. Nachdem der Oberhirte sich den Ring vom Finger gestreift und erklärt hatte, dass er diesen Schritt als Deutscher und nicht als Bischof tue, unterschrieb er feierlich das Optionsformular. Anschließend erklärte er wohl als Bischof, dass ein Hirte mit seiner Herde gehen müsse, obwohl er doch in Pension gehen wollte.

Den Optionsakt des Bischofs verwandelten die Verantwortlichen der ADERSt in ein Volksfest. Hakenkreuzfahnen, Schuljugend in Tracht und Mädchen mit Blumen wurden aufgeboten. Die ganze Inszenierung wurde auch fotografisch festgehalten und vor allem propagandistisch ausgeschlachtet. Während die Option des Bischofs für die Optanten einen Triumph bedeutete, war sie für die »Dableiber« ein Schock und für Italien ein Skandal. Der italienische Minister Farinacci sah darin die größte »Ohrfeige für das Papsttum«. Mons. Giuseppe Misuraca, der Gesandte des Vatikans, ließ am 14. Juli 1940 den Fürstbischof wissen: »Attesa la Sua domanda di dimettersi, e sopravenute altre ragioni, la S. Sede è venuta nella determinazione di lasciarle libero di dimettersi e lasciare la diocesi anche subito.«

Der Priester Josef Schguanin, der sich auch theoretisch mit dem Nationalsozialismus auseinandergesetzt hat, in einem Porträt von Lesley de Vries

Der Bruch zwischen der Brixner Diözesanleitung und dem Klerus

Während Fürstbischof Johannes Geisler im Laufe der dreißiger Jahre seine Hoffnung immer mehr auf das nationalsozialistische Deutschland setzte, blickte die Mehrheit des Südtiroler Klerus mit Sympathie auf Österreich. In diesem Zusammenhang lässt die Tatsache aufhorchen, dass die berühmte Enzyklika Pius' XI. »Mit brennender Sorge« vom 14. März 1937, die vom Nationalsozialismus als eine offene Kampfansage an die deutsche Staatsführung, Justizpflege, Schul- und Pressepolitik betrachtet wurde, in der Brixner Diözese nicht verlesen werden durfte. In einer Denkschrift über die kirchliche Lage schrieb der pensionierte Pfarrer Karl Staudacher, dass die Priester in Bezug auf die kirchliche Situation im Dritten Reich nicht nur durch die offenkundigen Tatsachen, sondern auch durch das päpstliche Rundschreiben »Mit brennender Sorge« gut unterrichtet waren. Doch konnten sie wenig tun, um das Volk aufzuklären, denn die Enzyklika »durfte nicht dem Volke vorgelesen werden«; es hieß, »sie sei nicht für uns herausgegeben«. Das gleiche besagt auch eine Denkschrift vom Mai 1940. Darin heißt es: »Ja, als seinerzeit Diözesanpriester vom Ordinariat die Erlaubnis erbaten, die Enzyklika Mit brennender Sorge in der Kirche zu verlesen dürfen, wurde ihnen nicht mal dies gestattet.« Während das Rundschreiben in der Diözese Brixen verpönt war, wurde es in Trient unter dem Titel »Rundschreiben des Heiligen Vaters Papst Pius XI. über die Lage der katholischen Kirche im Deutschen Reich« 1937 veröffentlicht.

Die Haltung des Klerus gegenüber dem Nationalsozialismus wurde 1937/38 immer kritischer; man setzte sich jetzt auch theoretisch mit ihm auseinander. In einem Beitrag, den der Priester Josef Schguanin im »Priester-Konferenzblatt« Anfang 1938 veröffentlichte, schrieb er: »Die Weltanschauung des Nationalsozialismus schließt ihrer Natur nach jede geoffenbarte Wahrheit, Bibel, Dogma und christliche Moral aus. Daher wird es zwischen katholischer Kirche und Nationalsozialismus nie zu einem wahren Einverständnis kommen«. Das »Katholische Sonntagsblatt« und vor allem das »Priester-Konferenzblatt« nahmen auch in der Folgezeit immer wieder gegen den Nationalsozialismus nicht nur indirekt, sondern auch direkt Stellung, so dass Geisler am 16. Oktober 1940 beide Blätter einer Vorzensur unterwarf. Begründet wurde dies mit »mehr oder weniger versteckten Angriffen« dieser Blätter gegen den Bischof, dass »der scharf polemische Ton, der den im Diöz. Blatt gegebenen Bestimmungen über eine mehr positive überzeugende Behandlung der angefochtenen Wahrheiten nicht entspricht und nur dazu beitragen kann, die Seelsorgsgeistlichkeit zur Übertretung derselben zu ermuntern«.

In seinem Bemühen, auch die Bevölkerung schon früh über den Nationalsozialismus aufzuklären, wurde der Klerus von der Brixner Kurie im Stich gelassen; es wurde ihm verboten, Aufklärungsarbeit zu leisten. In der schon zitierten Denkschrift vom Mai 1940 heißt es, dass der Generalvikar die dem Volke von Seiten des Nationalsozialismus drohenden Gefahren nicht sah. Darum durfte auch in den vergangenen Jahren, »da sich im Klerus immer wieder Stimmen erhoben, die vor den Nz. Gefahren warnten, keinerlei wirksame Aufklärung über die religiösen Gefahren des Nz. erfolgen«. Kurz bevor die Optionsfrist für den Klerus zu Ende ging, kursierte ein Protestschreiben, in dem sich die Geistlichen offen für den Verbleib in der Heimat einsetzten. In diesem Schreiben protestierte der Klerus in scharfen Worten dagegen, dass die Umsiedlung als eine rein politische Angelegenheit behandelt würde. Laut Klerus ging es um die Erhaltung des katholischen Glaubens im Volke. Wörtlich heißt es in dem Blatt: »Wir protestieren, dass wir nicht klar auf die großen Gefahren aufmerksam machen dürfen, die dem Glauben und den guten Sitten in Deutschland drohen … Wir protestieren, dass die Kinder und unsere Jugend nach Deutschland gebracht wird, ohne dass es uns erlaubt ist, den Eltern ernst ins Gewissen zu reden. … Wir protestieren, dass Rasse und Nation höher bewertet werden als Heimat und Religion.« Für dieses Engagement wurden nun die Geistlichen vom Volk die »walschen« Pfarrer genannt.

Kanonikus Michael Gamper war einer der schärfsten Gegner der Umsiedlung. Porträt von R. Wernicke, 1956, Verlagsanstalt Tyrolia, Innsbruck

Die Gegner der Option: Michael Gamper, Adrian Egger, Hermann Mang und Josef Steger

Der Gegensatz zwischen der Brixner Kurie und dem Klerus nahm Ende 1939 immer dramatischere Züge an. Verantwortlich dafür war nach Auffassung des Brixner Fürstbischofs teilweise die Heimatpartei, »die den Klerus als Hauptträger ihrer Propaganda von Anfang an sah und auch dafür zu gewinnen wusste dank des großen Ansehens des Hochwürdigen Herrn Kanonikus Gamper, der bisher so viel für die Sache Südtirols getan hat«. Schuld war nach Geisler auch, dass es nicht gelang, eine gemeinsame Aktion mit dem Erzbischof von Trient durchzuführen. Denn, wie er an seine Kontaktperson in Rom, Jesuitenpater Robert Leiber am 16. März 1940 schrieb, »er (Endrici), wie der deutsche Provikar Mons. Kögl sollten weder an die Tatsache der Auswanderung, noch an die Wirkungslosigkeit und Schändlichkeit der Teilnahme der Geistlichen an die Propaganda der Heimatpartei glauben. … mein Klerus beruft sich gegen mich auf die Haltung von Trient.«

Eine der bedeutendsten Persönlichkeiten des Südtiroler Klerus jener Zeit war Kanonikus Michael Gamper. Er wurde zum schärfsten Gegner der Umsiedlung. Bereits in einem Artikel mit dem Titel »Portiunkula« im »Volksboten« vom 3. August 1939 forderte er die Bauern zwischen den Zeilen auf, ihrer Heimat treu zu bleiben. Am 26. Oktober 1939 wandte er sich im »Volksboten« wieder an die Bauern und gab ihnen ohne Wenn und Aber zu verstehen, sie sollten in der Heimat bleiben. Wörtlich schrieb er: »Beratet euch vor allem mit euresgleichen, mit Bauern. Wie sehr wir die Städter schätzen mögen, aber in der Frage, um die es jetzt geht, sind für Bauern die Städter nur in den seltensten Fällen die rechten Berater. Ihre Lage ist eine ganz andere, als die eurige. Dem Städter, dem Kaufmann, dem städtischen Gewerbetreibenden macht es nicht so viel aus, ob er in Bolzano oder in Wien oder in Krakau seinen Laden auftut. Der Städter hat nicht so tiefe Wurzeln geschlagen in der Heimaterde wie ihr, er weiß auch nicht so wie ihr, was Heimat ist und was es darum heißt, die Heimat zu verlieren … Beratet euch mit euren Toten … Beratet euch mit eurem Herrgott …«. Nicht unerwähnt bleiben darf hier eine andere Persönlichkeit des Trienter Diözesanklerus, die sich entschieden gegen die Umsiedlung geschlagen hat: Josef Ferrari, der 1934 zum Diözesanassistenten der Katholischen Aktion für den deutschen Anteil der Diözese Trient ernannt worden war. Im Dezember 1939 hielt er auf dem Ritten eine Rede, die zeigte, wie gut der Klerus über die Verhältnisse in Deutschland Bescheid wusste.

Wiederholt wandte sich der Brixner Klerus an seinen Bischof, um ihn für das Verbleiben in der Heimat zu gewinnen. Doch ohne Erfolg. Bereits im Juli 1939 arbeitete Dompropst Adrian Egger ein Memorandum für die bevorstehende Romreise Geislers aus. Darin betonte er, dass »die vom Norden hereingetragene Hetze schon nicht mehr so fast nationalen als vielmehr antireligiösen Charakter hat«. Nachdem das gesamte Domkapitel am 31. Oktober 1939 dem Bischof die Wünsche des Klerus vorgetragen hatte, legten der Dompropst sowie Domdekan Hermann Mang und Seminarregens Josef Steger, die sich mit Professor Peter Niederkofler immer mehr als der harte Kern der Opposition entpuppten, Geisler am 27. November 1939 noch einmal die Anliegen des Klerus schriftlich vor. In diesem Memorandum betonten sie, dass die Abstimmung zu einer »Katastrophe« auszuarten drohe. Wenn viele für Deutschland optierten, so würde dies »unter dem Drucke falscher Vorspiegelungen, Betrügereien und Drohungen« geschehen. Am 12. Dezember 1939 legten Egger, Mang und Steger dem Oberhirten das Ergebnis einer Umfrage vor. Demnach waren bei einer Gesamtzahl von 234 Priestern in der Diözese 90 Prozent für den Verbleib in der Heimat!

Schon am 26. Dezember 1939 händigte Adrian Egger Bischof Geisler wieder ein Memorandum aus, in dem es hieß, dass das Land noch nie »solche katastrophalen Weihnachten durchgemacht« habe. Die Ursache für die Entscheidung des Volkes, das Land zu verlassen, sah der Domklerus in der »beispiellosen Lügenpropaganda der Nazi«, die seit fünf Jahren das Volk aufhetzte. Die Folge davon sei, »dass Leute, welche gestern noch gut waren, heute über Papst und Kirche, über Klerus und Religion Reden führen, dass einem die Haare zu Berge stehen möchten«. Am Schluss bat das Domkapitel den Bischof um »ein paar passende Worte«, die bewirken könnten, dass die Leute ihre Entscheidung revidieren würden. Der Zeitpunkt schien dem Kapitel geeignet, »denn man hört vielfach die Worte: ›Wir glauben lieber dem deutschen Bischof von Brixen als dem Papst und dem Trienter Bischof.‹«

Dekan Johann Unterleitner von Stilfes war ein entschiedener Gegner der Umsiedlung. Porträt von Johann Baptist Oberkofler im Widum von Stilfes

Die Option des Klerus

Nachdem die Optionsfrist für das Volk am 31. Dezember 1939 abgelaufen war und ca. 86 Prozent der Südtiroler sich für Deutschland entschieden hatten, wurde der krasse Gegensatz, der nun zwischen Klerus und Volk herrschte, deutlich. Dieses Ergebnis und das Herannahen des für die Optionsfrist festgesetzten Endtermins für den Klerus am 30. Juni 1940 löste unter den Geistlichen immer mehr Unruhe aus, so dass sich der Dekan von Stilfes, Johann Unterleitner, im Namen seiner Priester am 18. März 1940 mit der Bitte an die Brixner Kurie wandte, sie möge veranlassen, dass eine Option des Klerus überhaupt unterbleibe. Auf dieses Schreiben antwortete am 6. April 1940 Pompanin mit einem überaus scharfen Brief, in dem er die Geistlichen aufforderte, für Deutschland zu stimmen, noch bevor die Voraussetzungen für eine seelsorgliche

Betreuung der Umsiedler gegeben waren. Weiters gab er dem Klerus die Schuld, dass es zur Spaltung zwischen Volk und Geistlichen gekommen sei. In der Missstimmung, die das Volk dem Klerus entgegenbrachte, sah er die Strafe Gottes für das Verhalten der Geistlichkeit während der Option.

Dieses geharnischte Schreiben des Generalvikars löste eine ungeheure Reaktion im Klerus aus. Die Dekane von Stilfes, Innichen und Mals wandten sich im Namen ihrer Geistlichkeit an den Bischof, er möge sich von diesem Schreiben distanzieren. Geisler antwortete jedoch, dass er den Brief Pompanis gelesen und approbiert habe. Laut Geisler komme in diesem Schreiben vor allem die Sorge für die Umsiedler zum Ausdruck. Als Dekan Unterleitner von Stilfes am 13. Mai 1940 dieses Schreiben erhielt, schrieb er resignierend dem Seminarregens Steger: »Da läßt sich nichts machen. Wird wohl die Aktion von drunten etwas erreichen.« Die »Aktion von drunten« bestand in der Hoffnung, dass Rom die Angelegenheit in die Hand nehmen und auf Geisler einwirken würde.

Wie Geisler optierten im Bistum Brixen 20, im deutschsprachigen Anteil von Trient nur 10 Prozent des Klerus. Insgesamt haben 70 Diözesanpriester, 21 Ordensgeistliche und 10 Theologiestudenten für Deutschland optiert. Von den ca. 530 Diözesangeistlichen gaben in den Zweigstellen von Bozen 12, von Brixen 20, Bruneck 17, Meran 13 und von Sterzing acht Priester ihre Stimme für das Reich ab. Das Verhalten des Klerus stand also in auffälligem Gegensatz zur Wahl der Bevölkerung. Für Kanonikus Gamper bedeutete dies eine moralische Verurteilung der Umsiedlung. Die wenigen Geistlichen, die sich für Deutschland entschieden hatten, waren aber noch lange nicht sicher, ob sie vom Reich auch tatsächlich aufgenommen würden. Die Tatsache, dass sich die überwältigende Mehrheit des Klerus für den Verbleib in Südtirol entschied, erschwerte beträchtlich die Verhandlungen der deutschen Behörden mit dem Vatikan wegen der Überführung des kirchlichen Vermögens sowie in Bezug auf die Probleme, die sich durch die Errichtung einer neuen Diözese in einem geschlossenen Siedlungsgebiet ergeben würden, oder durch die Translation des Bistums Brixen nach Innsbruck, worüber Ende Dezember 1939 in Berlin gesprochen wurde.

Alles in allem kann man sagen, dass der Kirchenkampf in Deutschland und vor allem die Gefahr des Abfalls vom Glauben die Gründe waren, welche den Klerus bewogen haben, gegen die Umsiedlung Stellung zu nehmen. In der Gedenkschrift des Brixner Klerus vom Mai 1940 heißt es: »Nein, weder finanzielle noch politische Beweggründe sondern ausschließlich religiöse und seelsorgliche Rücksichten bestimmen den Klerus, die Enthaltung von seiner Option fürs Dritte Reich zu befürworten, und zwar den Klerus in seiner Gesamtheit, wenn man von ganz geringen Ausnahmen absieht.« Geisler warf hingegen dem »Dableiber-Klerus« Mangel an Mut vor. In einem Dokument vom 25. Mai 1940 heißt es: »Wenn wir auch wüssten, dass es kommt wie in Russland, müssten wir trotzdem mitgehen.« Wer jedoch »keinen guten Geist hat, wer seine Bequemlichkeit, seine Ruhe und seine Wohlhabenheit liebt, soll sich nicht melden, denn wahrscheinlich wird man es hier bequemer haben«.

Kaum hatte der Klerus optiert, meldeten sich auch schon italienische Geistliche, die gerne einen Posten in der Diözese Brixen bekommen hätten. Ihnen allen erteilte Generalvikar Pompanin aber eine Absage. So schrieb er beispielsweise am 10. September 1940 an Don Attilio Vago aus Mailand: »Attualmente la nostra diocesi non abbisogna ancora di sacerdoti. La Vostra domanda sarà però tenuta presente, qualora in seguito all'emigrazione dei tedeschi si manifestasse la necessità di assumere sacerdoti italiani.«

Fürstbischof Johannes Geisler nach der Option am 25. Juni 1940; rechts von ihm der Zweigstellenleiter der Amtlichen Deutschen Ein- und Rückwanderer-stelle von Brixen, Erich Petschauer; im Hinter-grund Generalvikar Alois Pompanin und Hofkaplan Johann Untergasser

Die Kirche und die Propagandaschlacht

Wegen der Option kam es in Südtirol zu einem regelrechten Propa-gandakrieg, der mit allen erdenklichen Mitteln geführt wurde. Dabei ging man vor allem gegen den Klerus vor, der sich ja zum größten Teil für den Verbleib in der Heimat entschieden hatte. Nachdem Kanonikus Gamper im »Volksboten« vom 26. Oktober 1939 den schon erwähnten Artikel verfasst hatte, begann gegen ihn ein regel-rechtes Kesseltreiben. In einer Leserzuschrift hieß es: »Sie gehören auf Grund dieses Artikels unter die Sorte jener Menschen, welche man in Deutschland als Hochverräter eines besseren belehren würde.« In seinem Briefkasten fand er einen Zettel, auf dem stand: »An Pfaff-Gamper Michael, Verräter Deutsch-Südtirols, Bozen«. Immer wieder warf man der Geistlichkeit vor, dass sie die Bevölke-rung verführe. So hieß es auf einem Flugblatt, das Mitte Dezember

1939 im Sarntal verteilt wurde: »... Sarner Bauern! seid vorsichtig! Die falschen Propheten stehen auf den Kanzeln u. verleumden jetzt unser Vaterland u. Deutsche, nachdem sie früher 21 Jahre lang auf die Italiener gehetzt haben. Der Dekan u. die übrigen Kuttenträger können allerdings ihre Ranzen nicht mehr so füllen wenn ihr weggeht. Sarnerbauern! Aber Jesus Christus hat auch keinen Bauch getragen. Vergleicht nämlich seinen armen abgehetzten Leib am Kreuze mit dem Fettwanst des Herrn Dekan ...« Der Text einer anderen Schmähschrift lautete: »Wer sind die »Dableiber«? Falsche Christen – Alte Weiber/Egoisten – Hurentreiber/Warme Brüder – Schlechte Pfaffen/Welschbastarden – ein paar Grafen/ Einige mit viel Millionen/Die ihr Geld mit Betrug gewonnen.« In einem der schlimmsten Pamphlete hieß es: »Sau! Sau-Pfaffen, könnt ihr das verantworten, was mit Tirolern hier passiert, die für die Welschen gestimmt haben??? Ihr geborenen Schweinehunde ... Euch Schuften ist es nur um euer erbarmungsvolles Leben zu tun und damit ihr die Huren erhalten könnts. – Ist das Gotteslästerung, wenn Millionen von Kindern durch den Verdienst der Eltern ihr Leben voll Glück und Sonne haben, oder ist es ein Glaube, wenn unser Herrgott im Stall geboren wurde und euer Schwein in Rom auf Gold und Silber ruht? Ihr gewissenlosen Blutsauger, für jedes Schwein kommt die Zeit, auch für euch Pfaffengesindel.«

Das gegnerische Lager schlief natürlich auch nicht, wobei es allerdings viel weniger schlagkräftig war. Als bereits Ende Oktober 1939 klar war, dass Geisler und Pompanin für die Option eintreten würden, entstanden in »Dableiber-Kreisen« die Spottverse: »Der Geisler und der Pompanin, / die wölln deutsch optieren, / fürs Krautwalsch und fürs Zillertol / mueß man sich lei schenieren.« Auf einem Flugblatt, das sich auf die Option des Brixner Bischofs bezog, hieß es: »Gramerfüllt und schmerzgebeugt geben wir die traurige Nachricht, dass es dem allmächtigen Führer auf die Fürbitte aller nationalsozialistischen Heiligen, in seinem unerforschlichen Ratschluss gefallen hat, die F. B. Kurie von Brixen nach langem Soll-i-Soll-i-net Leiden, infolge Ansteckung durch die ›Braunitis‹ ins ewige Deutschland abzuberufen. Die Überführung des bereits in Verwesung übergegangenen Kranken, erfolgt in der Staatskarosse ins Reichskrematorium nach Krakau. Die Beisetzung erfolgt im Beisein aller Parteibonzen und unter den langgezogenen Tönen der in letzter Zeit so wohl erprobten Katzenmusikkapellen. Kranzspenden werden gütigst für die Unheilbaren im F. B. Auswanderungsamt entgegengenommen. Beileidsbesuche mögen durch eingeworfene Fenster in der Wikl-Wackel-Burg abgestattet werden. In tiefer Trauer: Die hirtenlose Herde. Posen-Bozen-Krakau-Brixen Sylvester 1939. Pietät Elefantinum-Bristol.«

Unter Missachtung der bischöflichen Weisungen nahm auch der Klerus an der Propagandaschlacht teil. Unter den Priestern gab es einige, die sich geradezu fanatisch für die Umsiedlung engagierten. So z.B. der Naturnser Kooperator Ademar Götsch, der deshalb von Bischof Endrici nach Trient zitiert und auf der Stelle entlassen wurde. Am 23. Mai 1940 hielt Pompanin vor Theologiestudenten des Brixner Priesterseminars im Auftrag des Bischofs einen Vortrag, der von den Zuhörern allgemein als Propagandarede bezeichnet wurde und heftige Proteste auslöste. Noch im Juni 1940 kursierten Flugblätter von Optanten-Priestern, die besagten, dass nach menschlichem Ermessen das Volk ganz sicher ein geschlossenes Siedlungsgebiet bekommen würde.

Die überwältigende Mehrheit des Klerus kämpfte jedoch gegen die Umsiedlung. Kooperator Karl Lanthaler von Innichen soll die Leute vor der Abwanderung gewarnt haben, indem er sagte, es gebe in Deutschland nichts zu essen und wer sich nicht direkt für die Umsiedlung eingesetzt habe, müsse befürchten, nach Dachau zu kommen, das keiner mehr gesund verlassen würde. In Kreisen der Umsiedler galt das Brixner Priesterseminar als ein Zentrum der Propagandatätigkeit für den Verbleib in der Heimat.

Der Priester Georg Knollseisen, der nach Ornella in Buchenstein strafversetzt wurde

Der Priester Georg Knollseisen und das Deutsche Reich

Zu den Priestern, die nach der Optionszeit mit dem Ordinariat und mit den politischen Behörden in Konflikt gerieten, zählt Georg Knollseisen. Er wurde am 3. März 1914 in Vahrn bei Brixen geboren. Nach seinen Studien wurde er am 29. Juni 1937 zum Priester geweiht. Anschließend wirkte er als Kooperator in Mareit und St. Johann in Ahrn. Da er sich dort in einem Gespräch mit Vinzentiner Studenten im September 1940 negativ über die Option und das Reich ausgesprochen hatte, wurde er sofort denunziert. Mit Schreiben vom 3. Oktober 1940 zitierte ihn Generalvikar Pompanin zu sich. Am 10. Oktober 1940 legte Knollseisen ein schriftliches Geständnis über das Geschehene ab und bat um Nachsicht, wenn er gegen die Weisungen des Ordinariats gefehlt haben sollte.

Wörtlich schrieb er: »Ich frage (die Studenten): ›Wann geht ihr hinaus?‹ Sie antworteten mir. Ich sage: ›Schade um euch.‹ Die Studenten beteuern, sie werden auch draußen brav bleiben. Ich sage: ›Das ist nicht mehr möglich … Es ist gerade so, wie wenn ihr dem Löwen in den Rachen laufen würdet. Vorher habt ihr immer den Weg zum H. Pfarrer gewußt, jetzt geht ihr nur mehr zu diesen Lausmander …‹ … ›Volksverführer!‹ nenne ich diese Leute dann. Ich erkläre: ›ich werde für euch schon beten‹.« In einem weiteren Gespräch sagte er: »›Nach meinem Dafürhalten sind die Abwanderer Verräter am Glauben, Verräter an der Heimat und Verräter am Deutschtum‹«. Knollseisen schloss den Bericht mit folgenden Worten: »Wenn ich irgendwie, also materialiter gegen das Verbot des F. B. Ordinariates gefehlt habe, möge man es mir gütigst nachsehen. Ich erkläre mich bereit, wenn das F. B. Ordinariat es rät, auch privatim auf Anfrage hin niemals mehr meine politische Ansicht darzulegen.«

Am 8. Mai 1941 schrieb der Präfekt von Bozen Agostino Podestà dem Fürstbischof Geisler, dass Knollseisen sich wiederholt missbilligend über die Religionspolitik des Reiches geäußert habe und im September des vergangenen Jahres gegenüber Studenten gesagt habe: »›Peccato per voi che correte in bocca al Demonio poichè non potrete esser buoni in Germania e coloro che emigrano in Germania sono rinnegatori della religione cattolica, della patria, della lingua e costumi tedeschi.‹ L'atteggiamento del Knollseisen ha provocato sfavorevoli commenti nella Valle Aurina ed è stato portato a conoscenza delle autorità germaniche che hanno sporto lagnaze a quest'Ufficio.« Der Präfekt verlangte sodann eine Versetzung des Kooperators außerhalb des Abstimmungsgebietes. Da aber dies nicht möglich war, weil sich die ganze Diözese innerhalb des Abstimmungsgebietes befand, schickte Generalvikar Pompanin den Kooperator mit Dekret vom 15. Mai 1941 nach Ornella, ein kleines Dorf in Buchenstein. Am 17. Mai 1941 schrieb der deutsche Generalkonsul in Bozen dem Fürstbischof und ersuchte ihn, »dass die Versetzung des Kooperators Knollseisen mit tunlichster Beschleunigung durchgeführt wird, da das Verhalten des Genannten unter den Optanten für Deutschland berechtigte Empörung hervorgerufen hat.«

Mit Schreiben vom 29. Mai 1941 ersuchte Knollseisen das Ordinariat, den Einstand in Ornella etwas zu verschieben. Wörtlich schrieb er: »Gefertigter wird nächstens nach Ornella fahren, sich zu erkundigen, wie es betreffs Lebensmittel und Unterkunft steht, da er selber nichts besitzt. Wie ich von ortskundiger Seite erfahren habe, ist dort kein Laden und kein Gasthaus, so dass die Beschaffung einer Unterkunft und Verköstigung große Schwierigkeiten bietet.« Pompanin kannte da aber keinen Pardon. Er teilte Knollseisen am 31. Mai 1941 mit: »Euer Hochwürden werden hiemit aufgefordert, sofort Ihren Posten in Ornella anzutreten. Unmittelbar vor Abreise in St. Johann werden Euer Hochwürden dem Ordinariate davon Mitteilung machen.« Am 4. Juni 1941 benachrichtigte Knollseisen das Ordinariat: »Gefertigter meldet, dass er am 5. VI. von St. Johann abreist.« Im Jahr 1946 wurde Knollseisen Pfarrer von Onach. Von 1955 bis 1987 betreute er dann die Pfarre Weitental. Seinen Ruhestand verbrachte er nach einem kurzen Aufenthalt in St. Martin in Thurn in seinem Heimathaus in Vahrn. Er verstarb am 22. November 1991. Knollseisen war ein Priester von einer beispielhaften Bescheidenheit, von großer Heimatliebe und tiefer Gläubigkeit. Ähnliche Probleme wie Knollseisen hatte auch der Kurat von Ehrenburg, Stefan Engl, weil er in einem privaten Gespräch im August 1942 gesagt hatte, dass Amerika wie im Ersten Weltkrieg siegen werde. Dank dem Hochkommissar

Podestà traf ihn aber keine Strafmaßnahme. Dafür verbot ihm Pompanin mit Schreiben vom 4. März 1943 »ausdrücklich, sowohl in der Öffentlichkeit als in privaten Gesprächen, auch wenn gefragt, sich zur politischen Lage zu äußern.«

Optanten verlassen den Bahnhof Brixen.

»Mich erbarmt des Volkes«.
Kleriker für die Option

Außer in der Brixner Kurie gab es noch andere Geistliche, die für die Option eintraten. So zirkulierte unmittelbar vor dem 30. Juni 1940 ein Schreiben dieser Priester an ihre Mitbrüder, in dem sie energisch für das Verlassen der Heimat eintraten. In diesem Schreiben hieß es: »Du weißt, dass bis zum 30. Juni Deine Entscheidung in der Optionsfrage fallen muss. Wenn wir vor Gott in unserem priesterlichen Gewissen diese Entscheidung überlegen, müssen wir wohl in erster Linie an das Wort des Heilandes denken: ›Mich erbarmt des Volkes‹. Bedenke es gut und lange: 90 Prozent unseres Volkes (ungefähr 200.000 Seelen) aus dem wir selbst hervorgegangen sind, werden nach Deutschland ziehen, und zwar nach menschlichem Ermessen ganz sicher in eine geschlossene Ansiedlung.

Können wir verantworten, dass diese 90 Prozent unseres Volkes ohne die eigenen Priester bleiben? Was soll das auswandernde Südtirolervolk jenen antworten, die es fragen: ›Wo sind doch deine vielgerühmten Priester?‹. Was sollen die Guten den Fragern aus den eigenen Reihen antworten, die zu ihm sagen werden: ›Unsere Priester haben uns in der Not allein gelassen, deshalb brauchen wir überhaupt keine Priester mehr. Sie haben sich ja nur als Verräter an ihrem Volke und als Verräter an ihrem Berufe erwiesen. Denn wenn ihnen etwas am Seelenheile gelegen wäre, dann wären sie mit uns gekommen‹.

Gewiss, es kann unter den gegebenen Umständen ein schweres Opfer sein, in die Fremde zu ziehen. Aber lassen wir nicht die menschlichen Rücksichten sprechen, sondern die übernatürlichen Rücksichten, nämlich die Sorge um die Seelen unseres Volkes, aus dem wir stammen und von dem wir so viel Gutes einst empfangen haben. Lieber Hochwürdiger Mitbruder! Wie man hört, werden es nicht viele Priester sein, welche für Deutschland optieren. Deshalb wird jeder einzelne dringend benötiget. Sei auch Du unter diesen Priestern! Das Heil so vieler unsterblicher Seelen hängt von dieser Deiner Entscheidung ab und Gott wird es Dir lohnen. Es wird sich empfehlen, nicht bei der Gemeinde, sondern bei der zuständigen Kommission bis zum 28. Juni zu optieren, wegen der Festtage am 29. und 30. Juni.«

Zur Beruhigung der Gewissen der »Dableiber-Priester« hat auch der Gesandte des Heiligen Stuhles Giuseppe Misuraca, der sich in dieser Zeit in Brixen aufhielt, nicht beigetragen. Zwei Priester der Diözese haben bei ihm vorgesprochen und ihm verschiedene Fragen über die Haltung des Heiligen Stuhles in der Optionsfrage gestellt. Dabei führte Misuraca folgende Gedanken aus: Der Heilige Stuhl sei der Ansicht, dass man in der Optionsfrage von einer

Gewissenspflicht von Seiten der Priester nicht sprechen könne. Der Heilige Stuhl wolle daher auch den Geistlichen die volle Freiheit lassen. »Ognuno deve fare come lo sente in coscienza – Jeder möge nach seiner innersten Überzeugung handeln.«

Auf die Frage, ob der Heilige Stuhl meine, die hier bleibenden Volksdeutschen könnten auch weiterhin in ihrer Muttersprache seelsorglich betreut werden, meinte der Monsignore, dass man über das diesbezügliche Verhalten der italienischen Regierung noch nichts Bestimmtes sagen könne. Es sei jedoch logisch, dass wer hier bleibt, bereit sein müsse, mit der Staatsbürgerschaft auch die italienische Sprache und die italienischen Sitten zu überneh-men. »Restar quì e voler restar tedeschi non sarebbe logico!«

Die italienische Regierung habe bisher auf die hiesige Bevöl-kerung in sprachlicher und kultureller Hinsicht keinen Druck aus-geübt und ausüben wollen (sic!). Wenn aber dann einmal endlich diese »massa informe« fort sein wird, sei sicherlich zu erwarten, dass die Regierung darauf sehen wird, dass alles italienisch werde. Das sei übrigens selbstverständlich. Jeder Staat würde so handeln. Wer da etwas dagegen hat oder dagegen fühlt, habe eben die Mög-lichkeit zu optieren und zu gehen. Wer hier bleibt bezeugt eben dadurch, dass er sich nicht schwer mit diesen Gedanken vertraut machen kann und wird. Eben in Würdigung dieses Umstandes wolle der Heilige Stuhl auch dem Klerus die volle Freiheit lassen, sich für das Reich oder für Italien zu entscheiden.

Der Priester Karl Staudacher, ein überzeugter »Dableiber«, hatte den Mut, gegen Generalvikar Alois Pompanin Stellung zu beziehen. Porträt von Johann Baptist Oberkofler

Der »Dableiber-Priester« Karl Staudacher

Karl Staudacher war ein herausragender Schriftsteller und Historiker. In der Reihe »An der Etsch und im Gebirge« hat sein Freund, der Theologieprofessor Johannes Baur, auch eine ganze Reihe von Gedichten aus dessen Feder gesammelt. So schrieb Staudacher über den Prälaten Josef Mutschlechner: »Das erste Gott und Religion, / das zweite Heimat und Nation, / das letzte die eigene Person – so stand der Mann im Lande da, / durch dem Lande Heil geschah.« In der Optionszeit zählte Staudacher zu jenen Priestern, die entschieden für den Verbleib in der Heimat eintraten und die deshalb nicht geringe Schwierigkeiten mit dem Generalvikar hatten. Staudacher wurde am 19. Oktober 1875 in Bruneck geboren. Nach seinen Gymnasialstudien ging er »über's Brüggele« und wurde am 29. Juni 1899 zum Priester geweiht. Anschließend wirkte er als

Kooperator in Taisten, Gais und Obervintl. Im Jahr 1913 wurde er Pfarrer in Lappach. Da seine Gesundheit während des Ersten Weltkriegs Schaden gelitten hatte, wurde er 1920 nach Vahrn versetzt, wo ein viel milderes Klima herrscht. Als Staudacher wegen eines akuten Augenleidens seinen Aufgaben als Seelsorger nicht mehr nachkommen konnte, fand er 1932 Aufnahme im Kassianeum in Brixen, wo er von der Schriftstellerin Henriette Schrott-Pelzel und von Johannes Baur betreut wurde. Im Jänner 1940 verfasste Staudacher zwei bedeutende Denkschriften. Die eine beschäftigte sich mit der kirchlichen Lage im Lande, die andere hingegen mit der politischen Situation.

Als der Optantenpriester Johannes Dejaco in verschiedenen Predigten für die Umsiedlung eintrat, schrieb ihm Staudacher am 22. August 1940 einen Brief, in dem er ihm vorwarf, dass er als Nichtdeutscher keinen Grund habe, so »urdeutsch zu tun«. Dejaco wurde nämlich als Sohn des Pius und der Elvira Fontanari am 11. August 1903 in Pergine geboren. Seine Eltern zogen 1918 von Pergine nach Brixen, wo der Vater als Arzt eine kleine Privatklinik leitete. Valerius Dejaco, ein Bruder von Johannes, war von 1952 bis 1968 Bürgermeister von Brixen. Johannes Dejaco absolvierte seine Studien in Rom, Innsbruck und Brixen, wo er 28. Juni 1928 zum Priester geweiht wurde. Anschließend wirkte er als Kooperator in Franzensfeste, Bruneck und Sterzing. Im Jahr 1937 wurde er Pfarrer von Mühlbach. Dejaco fühlte sich von Staudacher angegriffen und berichtete davon Generalvikar Pompanin. Dieser schrieb Staudacher am 7. September 1940 einen Brief und betonte:

»1. Da Sie kein Vorgesetzter des Herrn Pfarrers Dejako sind, haben Sie kein Recht, ihm privat Rügen zu erteilen, auch wenn er gefehlt hätte. Es ist das ein angemaßtes Recht und somit ein Unrecht, das Sie begangen haben.

2. Ihr Brief war aber keine private Rüge, sondern enthält Beleidigungen, und zwar bewusste und beabsichtigte Beleidigungen; der Brief ist somit als Racheakt zu kennzeichnen und ist gegen den christlichen und umsomehr gegen den priesterlichen Geist. Wenn Herr Pfarrer Dejako Sie beleidigt hat, haben Sie kein Recht mit anderen Beleidigungen zu erwidern, sondern der rechte Weg wäre eine Klage an das Ordinariat gewesen.

3. Dieses Unrecht wird umso größer, als Sie in ihrem Brief sich nicht gescheut haben, auch die Eltern des Herrn Pfarrers zu beleidigen, denen Sie jedenfalls nichts vorzuwerfen haben. Es ist allgemein bekannt und auch Sie wussten es, dass der Herr Dr. Pius Dejako und seine Frau in den 20 Jahren des Kampfes, den die Südtiroler um ihre deutsche Sprache und Kultur geführt haben, treu und tapfer auf Seite des deutschen Volkes gestanden sind, während mancher ›Deutsche‹ seinem Volke in den Rücken fiel. Und es ist ferner Tatsache – was Sie vielleicht nicht wissen –, dass Herr Dr. Pius Dejako und seine Frau auf weit vorgeschobenem Posten standen und Südtirol gegen die italienischen Ansprüche verteidigten, als in Deutsch-Südtirol noch alles im tiefsten Frieden lag. Die tirolerisch-österreichische Tradition der Familie der Mutter lässt sich übrigens viele Jahrhunderte zurückverfolgen. Sie haben deswegen kein Recht ihnen die Zugehörigkeit zum deutschen Volke abzusprechen, da dafür nicht in jedem Falle die Muttersprache der Eltern entscheidend ist«. Pompanin verlangte nun, dass Staudacher seine Anschuldigungen zurücknehme, und zwar innerhalb einer Woche, vom Empfang dieses Briefes gerechnet. Staudacher antwortete dem Generalvikar am 21. September 1940 und widerlegte Punkt für Punkt die Anschuldigungen Pompanins und schloss sein Schreiben mit den Worten: »Pro foro externissimo wird das Urteil gesprochen werden an jenem Tage, wo über

die gesellschaftlichen Verpflichtungen der Einzelmenschen, der Obrigkeiten und der Regierungen endgültig abgehandelt wird: Ob man Nation über Religion, Staat über Kirche, profane Zwecke über Seelenheil gestellt habe.« Höhepunkt dieser politischen Auseinandersetzung war schließlich die Verhaftung des bereits blinden Priesters. Staudacher verstarb am 4. März 1944.

Eccellenza Reverendissima,

Con lettera del 28 marzo p.p. l'Eccellenza Vostra Reverendissima faceva presente al Santo Padre che il Reverendo Giovanni Dejako, parroco di Rio di Pusteria, il quale a suo tempo aveva optato per la Germania, si è dichiarato disposto a rinunziare alla parrocchia e a trasferirsi nel territorio del Reich per attendere, sotto la direzione del Rev.mo Monsignor Büttner, all'assistenza religiosa degli Altoatesini colà emigrati.

Mi pregio ora di parteciparLe che la Santa Sede concede al Reverendo Dejako il permesso di recarsi in Germania a tale scopo.

Converrà, però, che l'Eccellenza Vostra dia ordine allo stesso Dejako di trovarsi al più presto un Vescovo benevolo disposto ad inoardinarlo, anche perchè egli non rimanga di fatto, per un tempo eventualmente lungo, quasi acefalo, e senza diretta dipendenza e sorveglianza.

A Sua Eccellenza Reverendissima
MONSIGNOR GIOVANNI GEISLER
Vescovo di

BRESSANONE

Kardinalstaatssekretär Luigi Maglione erteilte mit Schreiben vom 6. Mai 1942 Pfarrer Johannes Dejaco die Erlaubnis, zur Betreuung der Auswanderer nach Deutschland zu gehen.

Pfarrer Johannes Dejaco wird zur Betreuung der Südtiroler Auswanderer nach Deutschland geschickt

Johannes Dejaco hat die Südtiroler Auswanderer in der Hitlerzeit und anschließend bei ihrer Rückführung mit viel persönlichem Engagement betreut. Er lernte den Vorstand des Reichsverbandes für das katholische Deutschtum im Ausland Mons. A. Büttner kennen, der ihn für geeignet erachtete, die Südtiroler Auswanderer im Reich religiös zu betreuen. Am 2. März 1942 schrieb Büttner an Fürstbischof Geisler: »Mit Herrn Pfarrer Dr. Dejaco konnte ich auch die Frage der seelsorglichen Betreuung der Südtiroler Umsiedler besprechen, für die bis jetzt noch sehr wenig geschehen konnte. Nach meiner Überzeugung ist es dringend notwendig, dass ein Priester aus der Südtiroler Heimat seine Landsleute besucht und ihnen damit zeigt, dass auch die Kirche sich ihrer in ihrer neuen Heimat erinnert. Ich habe mir gestattet, ohne Ew. Exzellenz irgendwie vorgreifen zu wollen, Herrn Pfarrer Dr. Dejaco den Gedanken nahezulegen, selbst diese zwar recht schwierige aber auch sehr segensreiche und notwendige Aufgabe zu übernehmen und glaube, dass Herr Pfarrer Dr. Dejaco dazu bereit und geeignet ist. Ich selbst würde mit aller Kraft ihn unterstützen, nicht nur durch Gewährung des notwendigen Gehaltes, sondern auch in allen anderen Fragen.«

Geisler nahm sogleich die Anregung Büttners auf und setzte alles in Bewegung, um diesen Vorschlag Tat werden zu lassen. Am 11. August 1942 ernannte er, nach eingeholter Erlaubnis vom Heiligen Stuhl, Dejaco ganz offiziell zum Seelsorger der nach Deutschland umgesiedelten Südtiroler. Um von den Nazi-Stellen leichter eine Erlaubnis für die religiöse Tätigkeit Dejacos im Reich zu erhalten, schrieb er: »Ich kann bestätigen, dass Herr Pfarrer Dr. Johannes Dejaco treu zu Führer, Volk und Reich steht, und empfehle ihn dem Wohlwollen aller Stellen, an die er sich im Laufe seiner Tätigkeit wenden wird.« Am 28. August 1942 bescheinigte der Bischof von Osnabrück Hermann Wilhelm Berning, als Protektor der Auslandsdeutschen-Seelsorge, Dejaco einen selbständigen Seelsorgsauftrag, auf Grund dessen er von der Ableistung der Wehrpflicht befreit wurde. Mit gleichem Datum schrieb Berning auch an alle erzbischöflichen und bischöflichen Ordinariate, Dejaco, »wenn er in der dortigen Diözese für seine Landsleute als Seelsorger tätig ist, die notwendige Jurisdiktion zu geben.«

Nachdem Dejaco Mitte August 1942 in München eingetroffen war, sandte er Generalvikar Pompanin am 22. Oktober 1942 einen ausführlichen Bericht über seine Tätigkeit. In Innsbruck musste er – wie alle anderen Auswanderer – sämtliche Umsiedlungsstellen durchlaufen. Er hatte auch die Musterung über sich ergehen lassen müssen, wurde als »kriegsverwendbar« befunden und der Sanität zugeordnet. Alle waren ihm gegenüber sehr freundlich und zuvorkommend. Er bekam einen Wehrpass und musste sich dann beim Wehrbezirkskommando in München melden. In München angekommen fand er ein Zimmer im Pfarrhof St. Silvester, wo er sich gut aufgehoben fühlte. Der Dekan kam ihm sehr entgegen. Dejaco konnte im Pfarrhof essen und auch in der Pfarrei ein wenig aushelfen. Seine erste Sorge war, seine besondere Stellung zur Wehrmacht zu klären. Dabei war ihm vor allem der Bischof von Osnabrück sehr behilflich. Am 28. September 1942 erhielt er vom Wehrbezirkskommando in München die Mitteilung, dass er von jedem aktiven Wehrdienst befreit sei. Auch die politische Behörde kam ihm sehr entgegen. Man wünschte ihm sogar viel Glück bei seiner Mission. Darauf erwiderte er: »Ich danke für das Entgegenkommen und bitte Sie sogar, mich in der Entfaltung meiner Tätigkeit zu beobachten. Sie werden dann erst daraufkommen, wie ein nationalbewusster Priester arbeitet und was er leisten kann.« Ganz anders hingegen war der Empfang bei den kirchlichen Behörden in Innsbruck. Dejaco schrieb weiters in diesem Bericht an Generalvikar Pompanin: »Kanzler Lechleitner empfing mich sehr kühl und erklärte mir kurzweg, ich würde in der Apostolischen Administratur Innsbruck keine Jurisdiktion bekommen; die Südtiroler seien von der normalen Seelsorge genügend erfasst und man brauche ›keinen Fremden‹. Es entspann sich zwischen uns eine kleine Debatte, wobei ich aus seinen ganzen Ausführungen und Redensarten entnehmen konnte, dass es sich um eine offene Brüskierung des Hochwürdigsten Fürstbischofs handelt und dass die Innsbrucker-Herren von über Brenner her Winke bekommen haben. Ich konnte mich nicht enthalten, dem Herrn Kanzler offen zu erklären, dass eine solche Einstellung den absoluten Mangel an Verständnis für die Psychologie des Umsiedlers verrate … Ich berichtete natürlich sofort alles nach Berlin und nach Osnabrück, wo man über ein derartiges Verhalten ganz sprachlos war. Man versicherte mich, die Sache nicht auf sich beruhen lassen zu wollen, habe aber vorläufig nichts mehr gehört. Jedenfalls werde ich noch scharf dahinter sein.«

Der Optantenpriester Johannes Dejaco

Die Tätigkeit von Pfarrer Johannes Dejaco und seine Schwierigkeiten in der Nachkriegszeit

Ganz anders als in der Apostolischen Administratur Innsbruck-Feldkirch war sein Empfang in der Erzdiözese Salzburg. Dejaco schreibt weiter in seinem Bericht vom 22. Oktober 1942: »Kapitelvikar Bischof Filzer konnte nicht genug die Initiative loben und versprach mir seine ganze Hilfe. Er ließ sofort eine diesbezügliche Notiz im Verordnungsblatt erscheinen, so dass ich in der Diözese Salzburg meine Tätigkeit voll entfalten kann. So bin ich denn auch gleich mit den verschiedenen Seelsorgern, in deren Pfarreien größere Siedlungen sind, in Verbindung getreten und habe auch die Siedler selbst teilweise besucht. Am kommenden Sonntag, Christkönig, werde ich in Kufstein sein. Dort sind rund 1000 Südtiroler … Allerheiligen werde ich dann in Hopfgarten sein. Siedlung von rund 200 … Am Seelensonntag werde ich dann in Mühlbach am Hochkönig sein, wo die ganzen Ridnauner beisammen sind.« Nachdem die Fersentaler und Luserner im Budweiser Becken angesiedelt worden waren, übernahm Dejaco im April 1943 deren geistliche Betreuung, der er sich bis zum Eintreffen seines Mitarbeiters Peter Alber am 15. Oktober 1943, aus dem Deutschen Anteil der Diözese Trient, widmete. In dieser fast rein von Tschechen bewohnten Gegend wurden auch Südtiroler angesiedelt sowie Siedler aus dem Böhmerwald und aus Schwaben. Der tschechische Klerus stand der Arbeit der Südtiroler Priester, wenn auch nicht gerade feindlich, so doch nicht entgegenkommend gegenüber. Nach der Ankunft Albers übernahm Dejaco die kirchliche Organisation der Südtiroler Siedlung im Ostsudetengau. Als auch der Priester Konrad Dorner nach Deutschland reisen sollte, kam im November 1943 aus Berlin eine Absage. In Berlin hatte Dejaco bereits Fliegerangriffe erlebt, bei denen auch die Wohnung des Vorstandes des Reichsverbandes für das katholische Deutschtum im Ausland, Msgr. Büttner, zerstört wurde. Wörtlich schrieb Dejaco an Generalvikar Pompanin am 23. November 1943:

»… es ist wirklich ein Höllentanz. Msgr. Büttner ist leider auch unter den Fliegerbeschädigten: seine Wohnung vollständig ausgebrannt, Möbel und Bücher und der Großteil der Wäsche in Flammen aufgegangen. In einem Berliner Vorort … bewohnt er nun ein winzig kleines Dachstübchen«.

Nach dem Krieg geriet Dejaco, offenbar wegen der von ihm organisierten Rückführungen von Südtiroler Auswanderern, auf die schwarze Liste der Italiener, die ihm die Einreise nach Italien verboten. Dejaco erhielt im Herbst 1952 die Pfarrei Lalling in der Diözese Passau, wo er sich sehr wohl fühlte und wo ihn Pompanin auch wiederholt besuchte bzw. dort sogar seine Sommerferien verbrachte. Als Dejaco im Jahr 1953 daran dachte, sich in der Diözese Passau inkardinieren zu lassen, setzte sich Pompanin dafür ein, dass der neue Brixner Bischof Joseph Gargitter ihn zum geistlichen Rat ernenne. Um das zu erreichen, schaltete Pompanin Prälat Büttner ein, der inzwischen das Katholische Auslandssekretariat in Frankfurt am Main leitete und der Dejaco gut kannte. Am 1. August 1953 schrieb ihm Pompanin: »Da ich noch nie die Ehre hatte, mit Ihnen in Verbindung zu treten, erlaube ich mir, mich zunächst vorzustellen. Ich war unter dem verstorbenen hochwürdigsten Fürstbischof von Brixen, Dr. Johannes Geisler, von 1933 bis 1952 sein Generalvikar. Mit der Amtsübernahme durch den neuen Bischof hörte mein Amt auf und ich wurde aus Gesundheitsrücksichten und auch aus anderen Gründen nicht mehr zum Generalvikar ernannt … Sie wissen, Herr Prälat, besser als ich wie viel Herr Pfarrer Dejaco für die Südtiroler Auswanderer getan hat. Ich glaube, es gebührt ihm deswegen auch ein Zeichen der Anerkennung – ich denke Ernennung zum geistlichen Rat – von Seiten seiner bisherigen vorgesetzten Behörde, das ist vom hochwürdigsten Bischof von Brixen und dies umsomehr als niedrige Rachsucht einiger Mitbrüder ihm den Abschied von seiner langjährigen Arbeit für die Südtiroler so bitter gestaltet haben, wie Sie ja wissen. Wäre dieser Wechsel etwa ein Jahr davor noch unter der Regierung des hochwürdigsten Fürstbischofes Dr. Geisler erfolgt, so wäre ihm diese Auszeichnung sicher zuteil geworden. Ich wollte schon im Herbst anlässlich seiner Übernahme der Pfarre Lalling unserem hochwürdigsten Bischofe den Vorschlag machen, ihn zum geistlichen Rate zu ernennen. Ich fühlte vorsichtig beim neuen Generalvikar vor und bekam den Eindruck, dass die Stimmung nicht günstig sei. Ich tat deswegen den Schritt nicht, umsomehr als ich unter dem Eindrucke stehe, dass der neue Bischof lieber ohne meine Ratschläge auskommt. Auch stand unser gegenwärtiger Bischof vor seiner Ernennung jenen Kreisen sehr nahe, die den Herrn Pfarrer Dejaco beim hochwürdigsten Weihbischof Dr. Neuhäusler verleumdet haben. Ich zerbrach mir umsonst den Kopf, wie ich trotzdem dem Herrn Pfarrer Dejaco eine Genugtuung verschaffen könnte; ich erkrankte aber inzwischen und da der günstige Anlass schon versäumt war, ließ ich die Sache liegen.«

Dompropst Adrian Egger, ein entschiedener Gegner der Option in einem Porträt von Josef Durst aus dem Jahr 1932 im Diözesanmuseum Brixen

Politische Tätigkeit im Kassianeum in Brixen

Nach der Option gab es Probleme mit dem Kassianeum, wo angeblich heimliche Versammlungen von Priestern und Laien stattfanden. Am 16. November 1940 schrieb Generalvikar Pompanin an Dompropst Adrian Egger, der für dieses Haus zuständig war, dem Ordinariat sei vertraulich mitgeteilt worden, dass dort politische Besprechungen und Versammlungen abgehalten würden. Wörtlich heißt es in dem Schreiben: »Die Pubblica Sicurezza bringe diese Versammlungen mit dem ›Andreas-Hofer-Bund‹ in Verbindung und wenn sie auch jetzt diese Vereinigung schone, so sei es nur deswegen, um sie dann desto sicherer und vollständiger ausheben zu können.« Dieser Bund wurde von führenden »Dableibern« als Reaktion auf die Option am 20. November 1939 gegründet. Die Leitung übernahm Friedl Volgger, der 1943 verhaftet und nach Dachau gebracht wurde. Anschließend wurde Hans Egarter Obmann des Andreas-Hofer-Bundes.

In seinem Schreiben an Adrian Egger führte Pompanin weiter aus: »Abgesehen davon, dass solche Besprechungen und Versammlungen gegen die wiederholten Weisungen des Ordinariates verstoßen, erscheint aus dieser vertraulichen Mitteilung die Gefahr, in der sich das Cassianeum befindet. Das Ordinariat sieht sich deswegen veranlasst, jede politische Tätigkeit im Cassianeum zu verbieten und ersucht Ew. Gnaden dafür zu sorgen, dass keinerlei politische Besprechungen oder Versammlungen im Cassianeum veranstaltet werden und dieses Verbot der Oberin im Cassianeum und allen ständig dort wohnenden Priestern und Laien in vertraulicher Weise zur Kenntnis zu bringen.«

Nachdem sich Adrian Egger, der zu den führenden Köpfen des »Dableiber-Klerus« zählte, über die angebliche politische Tätigkeit im Kassianeum kundig gemacht hatte, antwortete er am 26. November 1940 dem Generalvikar: »Bin dankbar, dass ich nun die Nachricht von dem lügenhaften Gerede auch von kompetenter Seite erfahren habe. Die gleichen Gerüchte tauchten schon bald nach Neujahr auf und verdichteten sich, als das Ergebnis der Abstimmung des Klerus bekannt wurde. Vor einigen Monaten hat ein maßgebendes Mitglied der deutschen Kommission in Brixen einen im Kassianeum wohnenden Herrn vertraulich und in wohlmeinender Weise aufmerksam gemacht, dass im Kassianeum politische Zusammenkünfte und Versammlungen des Andreas-Hofer-Bundes stattfänden und dass die Pubblica Sicurezza davon wisse. Durch dieses Gerücht bewogen habe ich mehrmals Nachforschungen im Kassianeum und bei anderen allenfalls wissenden Persönlichkeiten angestellt und kann auf

Grund derselben erklären, dass diese Gerüchte frei erfunden sind. Man weiß also woher sie stammen und zu welchem Zwecke sie erfunden wurden. Ferner bin ich informiert, dass sowohl die Pubblica Sicurezza in Brixen als die Quästur in Bozen über den angeblichen Andreas-Hofer-Bund von kompetenter Stelle aus hinreichend unterrichtet sind. Um aber bei Geistlichen und Laien den Auftrag durchführen und auch politische Gespräche hintanhalten zu können, muss ich die diesbezüglichen ›wiederholten Weisungen des Ordinariates‹ zitieren können. Da diese aber im oben zitierten Schreiben nur angedeutet, nicht aber angegeben wurden, so muss ich um schriftliche Bekanntgabe derselben bitten. Auch ersuche ich um eine Erklärung, ob auch die Gespräche über den Krieg, der gegenwärtig im Vordergrund des Interesses steht, unter das Verbot fallen, da dieser etwas eminent Politisches ist.«

Pompanin ließ mit der Antwort nicht lange auf sich warten. Bereits am 28. November 1940 schrieb er dem Dompropst: »Das Schreiben des gefertigten Ordinariates N. 115 G. P. wurde von Ew. Gnaden nicht in allen Punkten richtig verstanden … denn was Ew. Gnaden als frei erfundene Gerüchte bezeichnen, ist nicht das, was in der an uns gemachten vertraulichen Mitteilung behauptet wurde … Wenn Ew. Gnaden die früheren Weisungen des Ordinariates in dieser Sache nicht mehr bekannt sein sollten, so ist das kein Hindernis für Sie, das neue Verbot kundzumachen. Es wurden nicht ›Gespräche‹ verboten, sondern ›jede politische Tätigkeit‹ und Besprechungen und Versammlungen, die eine solche beinhalten … Das Ordinariat hatte nicht vor, irgendwelche ›Gespräche‹ der Inwohner des Cassianeum zu verbieten … Das Ordinariat wollte aber und will, dass nicht andere Personen, die nicht im Cassianeum wohnen, sich im Cassianeum in kleineren und größeren Gruppen versammeln, mit oder ohne Einladung, um dabei direkt oder indirekt sich mit der Frage der Umsiedlung der Südtiroler nach dem deutschen Reich und den sich daraus ergebenden Folgen zu beschäftigen.« Diese Schreiben zeigen, wie vergiftet die Atmosphäre damals auch im Klerus war.

Der Religionslehrer Johann Staffler

Dramatische Gewissensnöte.
Die Option und der Religionslehrer
Johann Staffler

Mit welchen dramatischen Gewissenkonflikten sich viele Geistliche zur Zeit der Option auseinanderzusetzen hatten, zeigt der Fall des Religionslehrers Johann Staffler. Staffler wurde 1899 in Rentsch geboren. Nach dem Besuch des Gymnasiums in Bozen promovierte er zum Doktor der Theologie in Innsbruck. Dort wurde er auch am 13. April 1924 zum Priester geweiht. Anschließend diente er als Kooperator in St. Walburg in Ulten, Kastelruth und Algund. Im Jahr 1930 kam er als Religionslehrer in das Knabenseminar Johanneum nach Dorf Tirol und blieb dort volle elf Jahre. Zur Zeit der Option kam es unter den Professoren des Johanneums zu harten Auseinandersetzungen. Der Religionsprofessor Johann Staffler entschied sich zunächst für das Reich. Einen Tag später nahm er seinen Entschluss zurück, um sich dann aber wieder für das Gehen zu entscheiden.

Obwohl sein zuständiger Oberhirte der Bischof von Trient war, schrieb Staffler am 24. August 1940 dem Brixner Fürstbischof Johannes Geisler und bat diesen um Hilfe. Er hatte am 29. Juni 1940 den »deutschen Wahlzettel« unterschrieben und ihn am 30. Juni wieder zurückgenommen, da er glaubte, die Kirche könne »die Transferierung eines Geistlichen allein vornehmen«. Er besuchte dann Fürstbischof Geisler in seiner Sommerresidenz in Bruneck und erfuhr, dass das nicht stimmte. Daraufhin beantragte er bei der Kommission in Meran wieder brieflich die Gültigkeit seiner ersten Unterschrift. Da er aber keine Antwort bekam, fürchtete er »zwischen Hammer und Amboss« zu geraten.

Geisler nahm sich der Angelegenheit an und schrieb am 2. September 1940 an Peter Hofer, den Leiter der Arbeitsgemeinschaft der Optanten. Im Schreiben versicherte er, dass es sich bei Staffler um einen würdigen Priester handelt, »der sich in der Optionsfrage korrekt verhalten und immer den Wunsch gehegt hat, mit seinem Volke mitzuziehen.« Weiter schrieb Geisler: »Er (Staffler) ist einer Täuschung zum Opfer gefallen, da ihm eingeredet worden war, dass die Optionserklärung indirekt gleichsam eine Erklärung gegen den kirchlichen Gehorsam sei, da die Kirche allein die Transferierung eines Geistlichen vornehmen könne. Tatsächlich ist H. H. Dr. Staffler, Priester der Erzdiözese Trient, wo dieser Standpunkt immer in sehr starker Weise von der Diözesanbehörde offiziell hervorgehoben wurde; und es ist wohl gewiss, dass dieser Standpunkt inoffiziell von mancher Seite auch nach und trotz der vom Hl. Stuhl gewährten Optionsfreiheit noch vertreten wurde und dass besonders noch hinzugefügt wurde, dass eine Option der Trienter Diözesanbehörde nicht erwünscht sei. Einem dieser Propagandisten muss H. H. Dr. Staffler in die Hände gefallen sein.« Geisler bat sodann Hofer, sich der Sache anzunehmen,»da in den Abmachungen bestimmt ist, dass die geschehene Option eine unwiderrufliche Willenserklärung (sic!) ist«.

Am 14. September 1940 antwortete Peter Hofer dem Fürstbischof,»dass die für Deutschland erfolgte Option des Genannten nicht nur von dieser Stelle (Amtliche Deutsche Ein- und Rückwandererstelle = ADERSt in Bozen) für bindend betrachtet wird, sondern auch von den italienischen Behörden keine Einwände erwartet werden. Es wurde vom Leiter der ADERSt am 1. 8. 1940 der Commissione per le Migrazioni mitgeteilt, dass Dr. Staffler am 29. Juni d. Js. in der Zweigstelle Meran für Deutschland optierte und tags darauf aber seine Option widerrief, und zwar nach seiner Angabe wegen Gewissenskonflikten. Der Beamte, der irrtümlicherweise glaubte, einen solchen Widerruf annehmen zu können, vernichtete das Optionsformular. Ende Juli langte ein Schreiben des Dr. Johann Staffler bei der Zweigstelle Meran ein, in welchem er darauf besteht, dass seine Option vom 29. Juni als gültig anerkannt werde. Ferner wurde von Herrn Dr. Luig der Commissione per le Migrazioni bekannt gegeben, dass die Option von der ADERSt als gültig betrachtet und Dr. Staffler aufgefordert wird das vernichtete Original durch ein anderes gleichen Datums zu ersetzen«. Fürstbischof Geisler bedankte sich mit Schreiben vom 19. September 1940 bei Hofer für die »freundlichen wie erfolgreichen Bemühungen in der Angelegenheit der Option« des Religionslehrers Staffler. Während Hofer sein Schreiben mit »Heil Hitler« schloss, beendete Geisler seinen Brief »Mit volksdeutschem Gruße«. Staffler wurde später Pfarrer von Schenna, dann Kurat von St. Josef am See bei Kaltern und anschließend Kurat von St. Nikolaus in Kaltern. Er trat 1968 in den Ruhestand und verstarb am 4. Juli 1976 im Krankenhaus in Bozen. Staffler war ein humorvoller, gewissenhafter und vorbildlicher Priester.

Maria Pompanin, die Schwester von Generalvikar Alois Pompanin, in einer Skulptur von Martin Rainer. Der Generalvikar beschaffte für sich und seine Schwester sowie für weitere Verwandte den Ahnenpass.

Der Ahnenpass von Generalvikar Alois Pompanin

Das Programm der NSDAP Punkt 4 sah vor, dass deutscher Staatsbürger nur sein kann, »wer Volksgenosse ist. Volksgenosse kann nur sein, wer deutschen Blutes ist, ohne Rücksichtsnahme auf Konfession!« Folglich stand im Vorwort zu den Ahnenpässen: »Über kurz oder lang wird der Ahnenpass ein Pflichtausweis für jeden deutschen Volksgenossen werden, und es ist dann zweifellos vorteilhaft, bereits Inhaber dieser Urkunde zu sein; auch erspart es den mit Arbeit überhäuften Amtsstellen manche Mühe, wenn jeder von sich aus sich diesen Ausweis beschafft, der ihn als vollwertigen Volksgenossen im Sinne des Punktes 4 des Programms der NSDAP kennzeichnet.«

Generalvikar Pompanin bemühte sich gleich nach der Option für sich und seine Geschwister Maria und Alfons sowie für die Frau seines Bruders einen Ahnenpass zu beschaffen. Die Angelegenheit erwies sich aber viel schwieriger als angenommen, da seine Mutter ein außereheliches Kind war. Pompanin führte in dieser Angelegenheit eine weitläufige Korrespondenz mit verschiedenen Pfarrämtern. Auch wandte er sich an den Oberarchivar Dr. Karl Dörrer in Innsbruck sowie an den Archivar Franz Huter in Bozen, die sich alle Mühe gaben, Dokumente über seinen Großvater ausfindig zu machen.

Am 21. Dezember 1940 gab die Mutter Pompanins in der Wohnung des Generalvikars in der Albuingasse 12/II in Brixen folgende Aussagen zu Protokoll: »Ich heiße Carolina Pompanin, geborene Fabbrizzi und bin am 24. April 1860 in Kollmann geboren.« Über ihren Vater befragt gab Frau Pompanin Folgendes an: »Meine Mutter Rosa Fabbrizzi war mit einem Zollbeamten Anton Ganer verheiratet, der aber bald nach der Heirat verunglückte und nach einiger Zeit starb. Meine Mutter wohnte daraufhin wieder im Heimathaus in Bigontina – Ampezzo bei meinen Großeltern und ihren Geschwistern. Diese hatten die Erlaubnis bekommen, einen Ausschank zu halten. Es verkehrten dort auch die Gendarmen. Einer derselben mit Namen Casimiro Facchini aus Roncegno machte mit meiner Mutter Bekanntschaft und wurde so mein Vater. Bald darauf wurde Casimiro Facchini nach Venedig versetzt. Ich kann mich erinnern, dass mein Onkel mit meiner Mutter nach Venedig fuhr, um mit dem Vater den Alimentationsbeitrag zu vereinbaren. Sie vereinbarten drei Gulden monatlich; ich war damals ein ganz kleines Kind.

Später spielte ich mit meinem gleichaltrigen Vetter vor dem Haus, und es gingen Gendarmen vorüber und einer sagte, dass ich die Tochter des Facchini sei, was in meinem Unverständnis meinem Stolze schmeichelte. Noch etwas später kam er nach Ampezzo zu Besuch; er war damals in Dalmatien gewesen und erzählte von seinen Kämpfen mit den Aufständischen. Wir hatten ihn in Cortina abgeholt und ich kann mich noch erinnern, dass ich hinter den großen Leuten nach Hause ging. Mein Vater Facchini wurde dann in der Gemeinde Rovereto als Gemeindebeamter angestellt und hatte, so viel ich weiß, auch die Aufsicht über die Stadtbeleuchtung. Er heiratete eine Frau aus dem Trentino. Trotzdem vergaß er mich nicht, sondern lud mich ein zu ihm zu kommen. Als ich 14 Jahre alt war, fuhr ich mit meinem Onkel zu ihm nach Rovereto; wir wurden dort gut aufgenommen; seine Frau war sehr gut zu mir. Da sie dort noch keine Kinder hatte, wollte er, dass ich bei ihm bleibe. Ich konnte mich nicht entschließen, die Mutter zu verlassen und so kehrte ich nach 4 Tagen wieder zurück. Der Vater zahlte uns die Reise. Er schrieb mir auch öfters, und auf der Adresse schrieb er nicht meinen Familiennamen, sondern den seinen, nämlich Carolina Facchini; aber ich bekam den Brief doch, da es bekannt war, dass der Facchini mein Vater war. Er bekam bald darauf ein Kind, dem er den Namen Erminia gab. Ich strickte für sie ein Kleidchen. Nach einiger Zeit bekam ich aber keine Nachricht mehr von ihm. Später erfuhr ich von einer Ampezzanerin, die in Rovereto verheiratet war, dass er bei seinem Dienst sich eine Gasvergiftung zuzog, von der er nicht mehr richtig ausheilte und dass er nach längerer Krankheit gestorben sei.«

Nachdem Pompanin alle erreichbaren Belege für seine Ahnenpässe beisammen hatte, legte er sie am 13. November 1942 dem Sippenamt der Arbeitsgemeinschaft der Optanten für Deutschland in Bozen zur Beglaubigung vor. Es gab aber trotzdem immer noch Schwierigkeiten mit der außerehelichen Geburt seiner Mutter.

Der Kooperator Josef Korin

Die harsche Zurechtweisung des Kooperators Josef Korin

Josef Korin wurde am 16. September 1908 als Sohn eines Lehrers am Brenner geboren. Nach seiner Priesterweihe am 29. Juni 1933 wirkte er als Kooperator an verschiedenen Orten. In Gais wurde er zur Optionszeit mit einem delikaten Gewissensfall konfrontiert. Kooperator Korin schrieb am 15. November 1940 dem Ordinariat in Brixen und legte das Problem vor. Wörtlich schrieb er: »Tizius kommt in den Beichtstuhl u. sagt: ›Ich bin Vater mehrerer Kinder, die teils noch schulpflichtig sind. Ich habe hinausgewählt. Nun habe ich von vielfacher Seite gehört, daß draußen große Glaubensgefahren sind, insbesondere für die Jugend. Davon habe ich mich selbst überzeugt durch Lesen der Enzyklika ›Mit brennender Sorge‹, u. des Hirtenbriefes des Erzbischofs von Trient. Die Tatsache der häufigen Klösteraustreibung, der Einkerkerung von Geistlichen u. besonders der Umstand, dass schon so viele aus der Kirche ausgetreten sind, all dies beweist schlagend, dass die Gefahren groß sind. Als Vater der Kinder fühle ich mich verantwortlich für deren Seelenheil. Und nun möchte ich fragen, ob ich verpflichtet bin, diese Gefahren zu meiden, was leicht möglich ist durch Umwählen‹. Soweit das Beichtkind. Obwohl die Sache eigentlich selbstverständlich ist, nach den Grundsätzen der christlichen Moral über das Meiden von Gefahren, will Gefertigter trotzdem anfragen u. bittet um baldige Antwort.«

Am 17. November 1940 schrieb Generalvikar Pompanin, dass er diesen Fall schon vor einigen Monaten mit einem deutschen Bischof besprochen habe, der erklärte, »dass man niemanden verpflichten könne von der Option für Deutschland abzusehen wegen der religiösen Gefahren, da diese bei gutem Willen gemieden werden können.« Dann heißt es im Schreiben weiter: »Das gefertigte Ordinariat schließt sich dieser Meinung an und verbietet Ihnen neuerdings irgend jemanden im Beichtstuhl zum Umwählen zu bereden. Dieses Verbot war schon im Rundschreiben vom 29. 10. 1939, N. 2093 irgendwie enthalten, da dort verboten wurde, private Meinungen der Geistlichen als die der kirchlichen Autorität auszugeben. Dieses Verbot wurde im Diözesanblatt 1940 N. 2 wiederholt, und zwar auf Weisung des hl. Stuhles; der Abgesandte des hl. Stuhles verstand nämlich unter politische Erwägungen und Parteiungen ausdrücklich das Eintreten für oder gegen die Option.

Es ist also nicht ›eigentlich selbstverständlich‹, dass der Vater verpflichtet ist, umzuwählen, sondern selbstverständlich wäre es, dass der Geistliche, der gefragt wird, sich an die Weisungen seiner rechtmäßigen Vorgesetzten halte. Es ist auch nicht richtig, dass die Gefahren durch Umwählen leicht zu meiden sind; denn der

Ausgang des Umwählens ist unsicher und es ist durchaus nicht ausgeschlossen, dass auch solche, die umgewählt haben, schließlich gezwungen sind, in das deutsche Reich auszuwandern, was für sie dann auch unangenehme Folgen haben könnte.«

Kooperator Korin gab nicht auf und schrieb am 17. Dezember 1940 erneut einen langen Brief an das Ordinariat, in dem er sich mit dem Schreiben des Generalvikars und mit der Weisung im Diözesanblatt auseinandersetzte. Korin warf dem Generalvikar vor, dass seine Behauptung, »als sei das Umwählen doch nicht von sicherem Erfolg«, nicht bewiesen sei, und verlangte weitere Aufklärung.

Am 19. Dezember 1940 antwortete Pompanin Korin mit einem kurzen Schreiben, das an Klarheit nichts zu wünschen übrig lässt. »Wenn die kirchliche Autorität noch einen Sinn haben soll, muss verlangt werden, dass die Seelsorgsgeistlichen sich den Weisungen des Ordinariates fügen. Auch in Ihrem Falle verlangt das Ordinariat Gehorsam und Sie werden deswegen dem betreffenden Vater erklären, vom religiösen Standpunkte aus sei er nicht verpflichtet seine Option zurückzunehmen. Wenn Sie ihm schon eine andere Erklärung abgegeben haben, werden Sie hiemit angewiesen dieselbe zurückzunehmen und ihm obige Erklärung als die Erklärung des hochwürdigsten Fürstbischofes mitzuteilen.« Korin war ab 1951 Pfarrer in St. Martin in Gsies. Er verstarb am 22. April 1964. Bischof Joseph Gargitter erwies ihm die Ehre und nahm beim Begräbnis die Einsegnung vor.

Der Eucharistinerpater
Franz X. Sellemond

Die Missionierungswünsche
von P. Franz X. Sellemond

P. Franz X. Sellemond wurde 1894 am Zirnfeldhof in Feldthurns geboren. Er besuchte das Franziskanergymnasium in Bozen. Nach seiner Priesterweihe 1921 war er Kooperator in Verdings, Aldein, Laas und Kastelruth. Im Jahr 1925 trat er bei den Eucharistinern in Bozen ein, wo ihm verschiedene Ämter und Aufgaben anvertraut wurden. Nachdem er bereits im Frühjahr 1940 Fürstbischof Geisler in Brixen aufgesucht und ihm seine Idee einer Missionierung der Optanten vor ihrer Auswanderung vorgetragen hatte, schrieb er dem Oberhirten am 15. Oktober 1940 und brachte ihm das gleiche Anliegen wieder vor. Dabei bezog er sich auf ein Treffen von Mitgliedern der Katholischen Aktion in Bozen, an dem auch Vertreter aus der Diözese Brixen teilgenommen hatten. Bei dieser

Versammlung wurde beschlossen, sich an die beiden Ordinariate in Trient und Brixen zu wenden, um eine »allgemeine Missionierung« in die Wege zu leiten. In der Diözese Trient, so Sellemond, sei die Sache so weit gediehen, »dass die Missionierung schon bereits die zweite Woche im Gange ist, gegenwärtig in Passeier. Ordensleute und Weltpriester sind an der Arbeit. Die ganze Missionierung der Deutsch-Trientener ist vorgesehen und organisiert und scheint zu besten Aussichten und Hoffnungen zu berechtigen«.

»In der Brixener Diözese«, so Sellemond weiter in seinem Brief an Geisler, »scheint etwas dazwischen gekommen zu sein. Schade, ewig schade, wenn die Brixner Diözesanen dieser Missionsgnaden nicht auch teilhaft werden könnten, bevor sie in die unsichere und vielleicht schwere Zukunft und ferne Fremde gehen... So viel ich gehört, wäre die Frage gescheitert wegen Mangels an Missionären ... Aber kann der Bischof in solchen Fällen nicht auch direkt befehlen ... Hier (Diözese Trient) hat man gesucht, in die einzelnen Gemeinden fremde und unbekannte Missionäre zu entsenden, da sich die eigenen Priester leider vielfach wegen der Auswanderungsfrage unbeliebt gemacht und selbst verfeindet haben.« Am gleichen 15. Oktober 1940 wandte sich Sellemond mit einem ähnlichen Schreiben auch an den Generalvikar. Am 9. November 1940 antwortete Fürstbischof Geisler mit einem sehr persönlichen Schreiben, in dem er die ehrliche Gesinnung und aufrichtige Liebe zum Volk des Eucharistiners anerkannte. Dann legte er die Gründe dar, weswegen eine Mission zum gegebenen Zeitpunkt nicht gut machbar sei. »Der Gedanke an die allgemeine Missionierung tauchte schon bei der Konferenz auf, die ich mit den Dekanen im Oktober 1939 abhielt. Er wurde aber ganz allgemein abgelehnt mit der Begründung, dass das Volk nicht in der richtigen Stimmung dafür sei, was zu jener Zeit wohl auch richtig gewesen sein dürfte. Als aber der Gedanke in der von Ihnen erwähnten Versammlung wieder auftauchte, griff ich ihn trotzdem wieder auf und wollte gemeinsam mit dem deutschen Anteil der Diözese Trient diese Missionierung durchführen. Wie dies in der Trienter Diözese geschah, so forderte auch ich meine Priester auf sich zu melden. Ein einziger der Diözesangeistlichen hat sich gemeldet. Damit war der Plan des gegenseitigen Austausches mit Trient erledigt.

Ich hätte allerdings von meiner bischöflichen Autorität Gebrauch machen können und hätte Zwang ausüben können. Aber gewisse Vorkommnisse hielten mich davon ab. Als ich erkannte, dass der größte Teil des Volkes die deutsche Volkszugehörigkeit dem unsicheren Verbleiben in der Heimat vorzog, verbot ich meinen Geistlichen, Propaganda gegen die Auswanderung zu betreiben, und sprach die Erwartung aus, dass die Geistlichen in genügender Anzahl das Volk begleiten würden, weil auf diese Weise am besten für die Seelsorge der Auswanderer gesorgt wäre. Statt Gehorsam fand ich bei einem großen Teil meiner Geistlichen Auflehnung, die in verschiedenen Fällen sich bis zu direkten Ausfällen gegen meine Person steigerten … Bei dieser auflehnenden Stellungnahme meines Klerus kann ich mich auch der Befürchtung nicht erwehren, dass manche Geistliche die Mission benützen würden, um gegen die Auswanderung als solche Stellung zu nehmen … Welche Gewähr habe ich, dass die Geistlichen, die ich zur Missionierung aussuche, in diesem Punkte mir folgen werden? Ich müsste höchstens nur Optanten-Geistliche dazu nehmen. Aber abgesehen davon, dass bei der geringen Zahl der Optanten es sehr schwer fallen würde, eine genügende Anzahl zu bekommen, würde wahrscheinlich wieder einen Sturm der Entrüstung auf der anderen Seite hervorrufen.« Sellemond musste nun zur Kenntnis nehmen, dass vorläufig eine Mission in der Diözese Brixen undurchführbar war. Der Eucharistiner verstarb am 26. Mai 1981.

Titelseite des Gebetbüchleins
»Mit auf den Weg«

Das Gebetbüchlein für Auswanderer und die Reaktion von Peter Hofer

Obwohl Fürstbischof Geisler und sein Generalvikar Pompanin für Deutschland optiert hatten, gerieten sie mit den Vertretern des Nationalsozialismus sehr bald in Konflikt. Stoff für erste Auseinandersetzungen bot das von den Brixner Theologieprofessoren Johannes Baur und Johann Prenn verfasste und bei Athesia erschienene Gebetbüchlein »Mit auf den Weg«. Fürstbischof Geisler sandte am 14. Juni 1940 allen Pfarr- und Kuratieämtern ein Rundschreiben, in dem es hieß: »Es ist jetzt endlich das Büchlein: ›Mit auf den Weg‹ erschienen, welches Gebete und Belehrungen für die Abwanderer enthält. Dieses Büchlein soll allen über 6 Jahre alten Abwanderern vom Seelsorger als Andenken vor der Übersiedlung überreicht werden. Das Büchlein wird grundsätzlich gratis abgegeben. Die

Mittel dazu sollen aus den verschiedenen kirchlichen Fonden …
genommen werden … Die Ordinariatsbewilligung dazu wird hiemit
allgemein gegeben; in zweifelhaften Fällen kann angefragt werden.
Der Preis des Büchleins stellt sich wahrscheinlich auf Lire 2.20
für das Exemplar; dazu kommt noch das Porto. Wenn ein Seel-
sorgsamt gar keinen Fond zur Verfügung hat, soll es sich an das
Ordinariat wenden.

Das Büchlein soll beim Ordinariat bestellt werden. Vorderhand
hat jedoch das Ordinariat nur 1400 Exemplare zur Verfügung, bis
Ende Juni werden es 10.000 sein. Es sollen deswegen sofort jene
Exemplare bestellt werden, die ein Seelsorger unmittelbar braucht
für solche, die in der nächsten Zeit abwandern. Dann soll jenen,
die schon abgewandert sind, das Büchlein nach Möglichkeit nach-
geschickt werden. Für die später Abwandernden werden weitere
10.000 Exemplare erwartet und sobald die erste Auflage fertigge-
stellt ist, ist geplant, eine zweite Auflage drucken zu lassen. Jedem
Pfarramte werden mit gleicher Post 2 Exemplare zugeschickt. Die
im 2. Teile des Büchleins, ›Der Glaube deiner Väter‹, enthaltenen
Belehrungen sollen von den Seelsorgern als Leitfaden für Predigten
oder Christenlehren benützt werden, um dadurch die Abwandernden in das bessere Verständnis dieser Belehrungen einzuführen,
die ihnen dann als Glaubens-Richtschnur für die Zukunft dienen
sollen. Auf diese Weise kann das Büchlein großen Segen stiften
und zum Schutzengel werden, der die Abwandernden begleitet.«

Erst im Herbst wurde der Leiter des Völkischen Kampfringes Südtirols Peter Hofer auf das Büchlein aufmerksam und am
10. Oktober 1940 schrieb er Fürstbischof Geisler einen Brief, in
dem er sich über den Inhalt des Büchleins bitter beklagte. Wörtlich heißt es in dem Schreiben: »Bei der Verlagsanstalt Athesia in
Bozen erschien heuer ein Gebetbuch für Abwanderer ›Mit auf den

Weg‹, dem Sie am 4. 4. 1940 das oberhirtliche Imprimatur erteilt haben. Mir ist dieses Gebetbuch erst jetzt zu Gesicht gekommen und ich habe bei dessen Durchsicht auf den Seiten 5, 6, 7, 9, 10, 32 und 41 leider die Feststellung machen müssen, dass hier recht beachtliche Konfliktstoffe unter unsere Optanten gebracht werden, denen ich unter Wahrung meiner Verantwortung nicht gleichgültig gegenüber stehen darf. Ich darf es auch nicht verhehlen, dass dieses Gebetbuch bereits im Reich beträchtliches Aufsehen erregt hat, da man sich auch dort diese Buchteile mit der von Ihnen überall bekannten positiven Einstellung zum nationalsozialistischen Deutschland und Ihrer vorbildlichen Haltung als Südtiroler Deutscher nicht zusammenreimen kann. Mir bleibt als einzige Beruhigung lediglich die Vermutung, dass Ihnen, Herr Fürstbischof, der Buchinhalt vor Erteilung des Imprimatur in seiner ganzen unbestreitbaren Schwere nicht bekannt war und ich bitte Sie um eine persönliche Mitteilung ihrerseits über das tatsächliche Verhalten dieser Angelegenheit. Heil Hitler! Ihr Peter Hofer.«

Dieses Schreiben hat die Brixner Kurie in helle Aufregung versetzt. Fürstbischof Geisler beauftragte Generalvikar Pompanin sich des Falles anzunehmen. Pompanin versuchte sogleich die Angelegenheit mit Hofer mündlich zu klären, setzte sich zudem mit dem Verfasser der beanstandeten Stellen, Professor Prenn, in Verbindung und ersuchte ihn, um eine genaue Erklärung derselben.

Professor Johann Prenn verfasste mit Professor Johannes Baur das Gebetbüchlein »Mit auf den Weg«. Porträt von Lois Irsara im Widum von Sand in Taufers

Das Gebetbüchlein wird beschlagnahmt

Nachdem Professor Prenn eine minutiöse Erklärung der von Peter Hofer beanstandeten Stellen in einem Schreiben an den Fürstbischof geschickt hatte, schrieb Generalvikar Pompanin am 20. Oktober 1940 an Peter Hofer und versuchte den Bischof mit klugen Argumenten zu verteidigen. Er legte dem Brief auch die Erklärung von Prenn in zweifacher Abschrift bei. Im Schreiben Pompanins heißt es: »Ich glaube, dass diese Erklärung genügen wird, um jeden Zweifel zu zerstreuen, dass der Verfasser mit den beanstandeten Stellen irgendwie das nationalsozialistische Deutschland angreifen wollte. Ich erlaube mir aber, noch einige Ergänzungen beizufügen in der Form eines Briefes an Euer Wohlgeboren, den Sie zusammen mit dem Brief des Herrn Professor Dr. Prenn an die zuständige Stelle nach Berlin schicken können.

Wie ich schon Ihnen mündlich mitteilte, halte ich es für unmöglich, dass der Hochwürdigste Fürstbischof die in ihrem Briefe erwähnte Erklärung abgebe, dass ihm vor Erteilung des Imprimatur der Inhalt des Buches nicht bekannt war. Es würde zwar diese Erklärung der Wahrheit entsprechen, da es überhaupt Regel ist, dass die Werke, die ein Imprimatur bekommen, nicht vom Bischof, sondern von einem Zensor gelesen werden. Jedoch würde die Stellung des Hochwürdigsten Fürstbischofes äußerst schwierig, wenn nicht unmöglich werden, wenn er jetzt durch Abgabe der gewünschten Erklärung den Inhalt des Büchleins gleichsam verurteilen würde. Es könnte das nicht nur als ein Propagandamittel gegen die Auswanderung benützt werden, sondern auch als Anklagepunkt gegen den Hochwürdigsten Fürstbischof bei seinem Klerus und besonders auch beim Heiligen Stuhle verwendet werden, als ob nämlich der Hochwürdigste Fürstbischof in der Verteidigung des katholischen Glaubens zurückweichen würde. Um beide Übelstände zu vermeiden, glaube ich, dass es das einzig Richtige wäre, wenn die deutsche Stelle die Darlegungen, die hier beiliegen, als genügend erklären und das Gebetbüchlein, das nur Wahrheiten enthält, die dem religiös unterrichteten Katholiken ganz geläufig sind und deswegen in unsern Optantenkreisen in keiner Weise auffallen werden, nicht weiter beachtet. Ich bitte Sie dringend, sich dafür zu verwenden im Interesse einer glatten Abwicklung der Optionsfrage, aber auch mit Hinsicht auf unsern Hochwürdigsten Fürstbischof, der durch seine treue Haltung zum deutschen Südtiroler Volk im Kampf gegen die Italienisierungsbestrebungen und während der Optionszeit sicher den Dank aller deutschgesinnten Männer inner- und außerhalb Südtirols in hohem Maße verdient hat. Wenn Euer Wohlgeboren noch weitere Wünsche in dieser Frage hätten, bin ich gerne bereit zu einer weiteren Besprechung nach Bozen zu kommen.«

Der Fall kam jedoch nicht zur Ruhe. Vor allem in Innsbruck stieß das Büchlein auf den Widerspruch von Parteikreisen, weil man in ihm eine versteckte Aufforderung erblickte, den Organisationen der Partei fern zu bleiben und eine geheime Propaganda zum Verbleib in der Heimat sah. Deshalb wandte sich der Fürstbischof am 12. Februar 1941 mit einem Schreiben an den Gauleiter Franz Hofer, in dem er sich bereit erklärte, die noch »erfassbaren Exemplare in der Druckerei in allen beanstandeten Stellen so umändern zu lassen, dass sie nicht mehr übel ausgelegt werden können. Durch meine unter den schwierigsten Verhältnissen gegebene Option für Großdeutschland glaube ich meine Gesinnung der deutschen Volksgemeinschaft gegenüber eindeutig bekundet zu haben, und das gibt mir die Hoffnung, dass Herr Gauleiter durch ein maßgebendes Wort an die Opponenten des Büchleins diese peinliche Angelegenheit aus der Welt schaffen werden«.

Dieses Schreiben nützte aber auch nichts. Wohl auf Druck deutscher Stellen im Reich wurden Ende März 1941 die noch bei der Firma Athesia in Bozen lagernden Exemplare von der italienischen Polizei beschlagnahmt und zugleich ein Nachdruck verboten. Von der Amtlichen Deutschen Ein- und Rückwandererstelle wurde von Brixen verlangt, dass »zur Vermeidung von Unannehmlichkeiten für die Umsiedler auch in Brixen die Herausgabe des Büchleins« unterbleibe.

Karl Wolfsgruber als Primiziant; er musste sich am 26. Juni 1943 in Bruneck der Musterung unterziehen.

Die Musterung von Optanten-Priestern

Für Aufregung sorgte unter den Geistlichen, die für Deutschland optiert hatten, die Nachricht, dass sie sich einer Musterung unterziehen und dann eventuell einrücken müssten. Schon im Sommer 1940, als die Einberufungen von Optanten stattfanden, brachte Generalvikar Pompanin im Auftrag des Fürstbischofs dem Zweigstellenleiter der Amtlichen Deutschen Ein- und Rückwandererstelle (ADERSt) in Brixen Erich Petschauer die Bitte vor, dass die Priester und Theologen, die für Deutschland optiert hatten, »nur in jenem Maße einberufen werden, als auch Italien die Priester und Theologen zum Militärdienst einberuft«. Petschauer gab die Bitte an die Hauptstelle in Bozen weiter und dieser wurde damals entsprochen. Dazu hatte Generalvikar Pompanin am 15. Jänner 1942 eine Besprechung mit dem neuen Zweigstellenleiter in Brixen, Glira, der nun die

Verzeichnisse der Priester der Jahrgänge 1908–1922 der Diözesen Brixen und Trient sowie des Klosters Neustift verlangte. Bereits am 19. Jänner 1942 antwortete Pompanin dem Zweigstellenleiter und sandte ihm die Liste der Brixner und Neustifter Geistlichen und versprach, das Verzeichnis der Trienter nachzusenden, sobald die betreffenden Informationen eingelangt wären.

In diesem Schreiben wiederholte Pompanin die Bitte, die er schon früher ausgesprochen hatte und fügte hinzu: »Diese Bitte wird nicht aus grundsätzlichen Erwägungen über den Militärdienst der Geistlichen vorgebracht, die schon deswegen keine Berechtigung hätten, weil die deutschen Geistlichen in Kriegszeit Militärdienste leisten, sondern wegen der politischen Lage in Südtirol. Es ist nämlich sehr zu fürchten, dass eine Einberufung zum Militärdienst der Geistlichen, die für Deutschland optiert haben, zu einem Zeitpunkte, wo diejenigen, die für Italien optiert haben, nicht einberufen werden, zu einer Propaganda gegen Deutschland und die Optionen für Deutschland benützt würden … beim Volk nicht ganz ungehört verhalle …« Am 3. Februar 1942 antwortete der Leiter der Hauptabteilung VI der ADERSt in Bozen Stanke dem Generalvikar, dass, im Einvernehmen mit dem bevollmächtigten Offizier der Wehrmacht für Vertragsgebietsangelegenheiten, es zweckmäßig erscheine, wenn die Priester an der allgemein für die Jahrgänge 1908–1922 im Vertragsgebiet durchzuführende Vormusterung teilnehmen. Stanke versicherte aber, »dass die Musterung der Priester nicht deren sofortige Einberufung zur Folge haben wird. Eine Einberufung derselben wird in Würdigung der von Ihnen vorgetragenen Gründe grundsätzlich nur in den Fällen erfolgen können, in denen Sie vorher Ihre Zustimmung dazu geben«.

Mit Schreiben vom 13. Februar 1942 bedankte sich Pompanin auch im Namen des Fürstbischofs beim Leiter der ADERSt in Bozen

Wilhelm Luig für das Entgegenkommen und erkundigte sich, ob die Begünstigung nur für die Priester und Theologen der Diözese Brixen gelte oder auch für alle Geistlichen des ganzen Vertragsgebietes. Am 16. Februar 1942 wandte sich Pompanin streng vertraulich an die Optantengeistlichen, die musterungspflichtig waren und gab ihnen die Weisung, zur Musterung zu erscheinen, sobald sie eine Einladung bekämen. Er versicherte ihnen, dass sie vorderhand zurückgestellt würden, auch wenn sie tauglich sind, außer wenn sie sich freiwillig zum sofortigen Eintritt in die Wehrmacht melden würden. Pompanin ersuchte sodann die Priester nach erfolgter Musterung, das Ergebnis dem Ordinariat zu berichten. Nachdem er von der deutschen Stelle die Zusage bekommen hatte, dass auch den Geistlichen von Trient dieselbe Behandlung zuteil würde, wie den Brixner Geistlichen, benachrichtigte er am 18. März 1942 seinen Freund, den Kuraten August Mussner von Seis, der die Mitteilung nach Trient weiterleiten sollte. Er selbst wollte das nicht tun, um jeden Schein von einer Einmischung in die Angelegenheiten der Erzdiözese Trient zu vermeiden.

Ende Juni trafen die Mitteilungen der Geistlichen, die gemustert worden waren, im Ordinariat ein. So schrieb z.B. der Kooperator von Welsberg Karl Wolfsgruber am 26. Juni 1942, dass er in Bruneck gemustert und wegen der Augen für untauglich befunden wurde. Am 26. Juni 1942 teilte auch der Kooperator von Mühlwald Franz Pipperger dem Ordinariat mit, dass er sich in Bruneck der Musterung unterzogen habe, als volltauglich befunden wurde und sich freiwillig als Feldkaplan oder zur Sanität melden könnte. Pipperger betonte aber, dass er sich nicht freiwillig melden würde.

Anton Schwingshackl musste auf Geheiß Pompanins seine Pfarrei Weitental verlassen.

Von den Faschisten und von den Nationalsozialisten verfolgte Kleriker

Nach Abschluss der Option des Klerus wurden besonders jene Geistlichen, die für den Verbleib in der Heimat gestimmt hatten, angegriffen und verfolgt. Der Pfarrer von Weitental, Anton Schwingshackl wurde in seiner Pfarrei allgemein als der »walsche Pfarrer« angesehen. Als er im Juni 1941 einmal in einem entlegenen Bauernhaus einer blinden Frau die Kommunion brachte, sah er an der Wand über dem Tisch, auf den er das Allerheiligste zu stellen hatte, ein Hitlerbild. Während er mit der Frau, die beichtete, alleine war, schob er das Konterfei unbemerkt hinter den Uhrkasten. Anschließend zeigten ihn die Hausleute, die an sich fromme Menschen waren, beim »Dorf-Gauleiter« an. Nach 14 Tagen bekam der Pfarrer Besuch von den Carabinieri. Schließlich musste er vor die Konfinierungskommission nach Bozen, wo man ihm eine dicke Akte präsentierte, aus der unter anderem hervorging, der Pfarrer habe das Hitlerbild mit Füßen getreten. Da sich Schwingshackl zu schwören bereit erklärte, dass die in den Papieren enthaltenen Anklagen unwahr seien, ließen ihn die Italiener laufen. Generalvikar Pompanin war aber wütend auf ihn und in Weitental ging die Hetze gegen den Priester weiter. So musste Schwingshackl die Pfarre verlassen und vorübergehend nach Wahlen bei Toblach gehen, bis er schließlich im Dezember 1941 die Pfarre St. Veit in Prags bekam. Als die ganze Geschichte 1945 im »Alto Adige« den Lesern präsentiert wurde, verlangte Pompanin von Schwingshackl ein Dementi, das der Pfarrer jedoch entschieden verweigerte.

Nachdem der Bischof von Münster, Clemens August von Galen, im Sommer 1941 seine berühmten Predigten gegen die Euthanasie gehalten hatte, zirkulierten Abschriften dieser Kanzelreden auch in Kreisen des Klerus und katholischer Organisationen in Südtirol. Der Chef der deutschen Polizei in Bozen Karl Brunner ließ sofort durch seinen Apparat nach solchen Kopien forschen. So wurden in der Kanzlei des Pfarrers von Algund, Hermann Stenitzer, viele Abschriften der Predigten des Bischofs von Münster sichergestellt. Der Pfarrer wurde verhaftet und nach Bozen gebracht, wo er mehrere Wochen im Gefängnis saß. Überwacht und verfolgt wurden auch der Herz-Jesu-Missionar P. Vinzenz Kirchler, der behauptet hatte, in Deutschland würden die alten und gebrechlichen Leute durch einen schnellen Tod verschwinden. Ebenfalls überwacht und verfolgt wurde Josef Ferrari, der Diözesanassistent der Katholischen Aktion für den deutschen Anteil der Diözese Trient.

Große Probleme hatte Fürstbischof Geisler zudem mit der italienischen Regierung. Besonders schwer traf es den Bischof, als am 19. Dezember 1940 einer seiner besten Professoren im Priesterseminar, der aus Schwaz stammende Thomasforscher und Verwandte von Ignaz Mitterer, Albert Mitterer (1887–1966) von Beamten der italienischen Polizei gewaltsam abgeschoben wurde, obwohl sich Geisler selbst bei Papst Pius XII. für den Professor eingesetzt hatte. Ohne Papiere, ohne Pass und ohne Geld wurde Mitterer in ein Auto gepfercht und an die Brennergrenze gebracht. Der Grund für dieses Vorgehen lag nach Verlautbarung der Polizei darin, dass Mitterer, der die deutsche Staatsbürgerschaft hatte, nicht innerhalb der gesetzten Frist das Vertragsgebiet verlassen hatte. Am Brenner wurde Mitterer der deutschen Polizei übergeben. Da es sich bei Mitterer um einen gewaltsam Abgeschobenen handelte, erklärte der Polizeiinspektor, dass dieser, den Polizeivorschriften gemäß eigentlich in Gewahrsam genommen werden müsste. Aber er ließ ihn wegen seines priesterlichen Standes frei, da er von ihm den besten Eindruck bekommen hatte. Er lieh ihm sogar Geld, damit er in einen Gasthof gehen und sich dort stärken konnte. Geisler setzte sich auch beim Papst für die Rückkehr Mitterers nach Brixen ein. Aber dazu bestanden kaum Möglichkeiten.

Nun wollten die Italiener auch Geisler loswerden. So forderte die Regierung vom Heiligen Stuhl nach dem Tode Endricis eine Neubesetzung von Trient und Brixen, und zwar mit Persönlichkeiten, die ihr genehm seien. Darauf gab der Vatikan zu verstehen, dass Geisler zwar nach dem Gesetz bis 1942 bleiben könne, man aber nichts dagegen habe, wenn der Brixner Bischof seine Diözese vor diesem Datum verlasse. Dies hatte der Vatikan auch Geisler wissen lassen. Im Oktober 1942 verlangte der Präfekt von Bozen kategorisch die Abschiebung Geislers. Da aber der Auswanderungstermin schließlich bis Ende 1943 verlängert wurde, kam es nach dem Abschluss des italienischen Waffenstillstandes und der Errichtung der »Operationszone Alpenvorland« nicht mehr dazu.

Der Propst von Innichen, Johann Mairhofer, rechts hinter dem Primizianten. Er hatte große Bedenken wegen der Fotokopierung der Matrikenbücher. Rechts vom Primizianten Heinrich Waschgler

Kirchenbücher, Kunstgegenstände, Ahnenpässe und Kirchenvermögen

Das Fotokopieren der Kirchenbücher und die Bestandsaufnahme der kirchlichen Kunstgegenstände verursachten im Klerus nicht geringes Unbehagen. Da bereits in den Richtlinien des Berliner Abkommens vom 23. Juni 1939 die Fotokopierung der kirchlichen Matrikenbücher vorgesehen war, wandte sich der Leiter der Arbeitsgemeinschaft der Optanten für Deutschland, Peter Hofer, am 29. April 1940 an Fürstbischof Geisler und stellte ihm die beiden Herren, Professor Franz Sylvester Weber und Dr. Norbert Mumelter vor, die die Angelegenheit umsetzen sollten. Da machte der Vatikan dem Vorhaben zunächst einen Strich durch die Rechnung, indem er die Angelegenheit an sich zog. Erst am 11. Juni 1940 ermächtigte Rom den Fürstbischof, in dieser Angelegenheit selbst mit den interessierten Parteien zu verhandeln. Am 26. Juni 1940 sandte die Brixner Kurie den Seelsorgestellen ein Rundschreiben mit den entsprechenden Richtlinien.

Professor Weber hatte zwei Frageblätter vorbereitet. Der erste Fragebogen betraf den Bestand der Kirchenbücher und der zweite jedes einzelne Buch. Die Seelsorger bekamen die Weisung, die Blätter auszufüllen und diese bis spätestens Ende August 1940 an das Ordinariat zu schicken, das sie dann an Professor Weber weiterleiten sollte. Nachdem diese Operation abgeschlossen worden war, wandte sich der Sachbearbeiter für Archivwesen in der Kulturkommission, Professor Franz Huter, am 25. Februar 1943 an den Generalvikar und bat ihn, mit der Fotokopierung jener Bücher, die die Jahre 1783 bis 1823 enthielten, beginnen zu können. Da die Aufnahme der Bücher in den einzelnen Seelsorgestellen vielfach kaum möglich war, ersuchte Huter auch, die Arbeit in den jeweiligen Dekanatssitzen durchführen zu können. Begonnen werden sollte im Propsteiwidum von Innichen.

Am 2. August 1943 suchte der Propst von Innichen Johann Mairhofer den Generalvikar in Brixen auf und trug ihm seine Bedenken und jene einiger anderer Priester gegen die Fotokopierung der Matrikenbücher vor. Noch am gleichen Tag schrieb der Generalvikar an Professor Huter, der im Hotel Bristol in Bozen wohnte: »Diese Bedenken richten sich nicht gegen die Photokopierung an sich, sondern sind hervorgerufen durch den Umstand, dass manche Geistliche Bemerkungen über die Familienverhältnisse, Sittlichkeit und Ähnliches gemacht haben, die sich teilweise auf noch lebende Personen beziehen und besser nicht in die Öffentlichkeit gelangen sollten … Jedoch wäre es vielleicht gut, wenn Euer Wohlgeboren sich der Sache annehmen würden und einen modus finden könnten, der die Herren beruhigt. Je weniger Aufhebens von der Sache gemacht wird, desto glatter wird dieselbe ja gelingen.« Huter schlug dann vor, entsprechende Stellen bei der Aufnahme zu verdecken. Am 13. August 1943 meldete der Propst dem Generalvikar, dass die Aktion in Innichen abgeschlossen sei und fügte hinzu: »… man kann nicht alles aufspüren und überdecken … Die Seelsorger geben daher nur schweren Herzens die wie einen Schatz und mit aller Verantwortung gehüteten Kirchenbücher heraus und bedauern diese Aktion sehr. Die Firmbücher haben mit der Sippenforschung wohl recht wenig zu tun. Die Familienbücher haben rein seelsorglichen Charakter … Die Männer sollen nicht zu zudringlich sein nach Preußenart.«

Schon am 11. Februar 1941 empfahl Pompanin mit einem Rundschreiben allen Kirchenrektoren die Herren Dr. Josef Ringler, Dr. Oswald Graf Trapp und Dr. Walter Frodl, die eine kunsthistorische Topographie von Südtirol herausgeben wollten. Der Generalvikar legte großen Wert darauf, dass die Bestandsaufnahme nach außen rein wissenschaftlichen Wert habe und mit der politischen Frage der etwaigen Übertragung von Kunstgegenständen nach Deutschland nichts zu tun habe. Am 18. Februar 1941 musste Pompanin jedoch die Bewilligung zurücknehmen, da »Dableiber-Geistliche (vielleicht im Verein mit dem Ordinariat Trient?)« das Ordinariat in Brixen beim Heiligen Stuhl angezeigt hatten. Pompanin löste das Problem, indem er die Bewilligung der Brixner Kurie, die Kunstdenkmäler zu fotografieren und zu beschreiben, zurücknahm. Die Kompetenz dafür überließ er den Pfarrern, empfahl diesen aber wärmstens, die Bestandsaufnahme zu erlauben. Auch bei der Erstellung der Ahnenpässe war Pompanin 1942 bereit, der Arbeitsgemeinschaft der Optanten für Deutschland behilflich zu sein. Bei der Ablösung des Kirchenvermögens und dessen Übertragung nach Deutschland stellte sich Pompanin ebenfalls entschieden auf die Seite der deutschen Behörden.

Karl von Ferrari, Erzbischof von Trient. Er hat sich oft zugunsten des Faschismus ausgesprochen und konnte deshalb gegen den Nationalsozialismus kaum einen überzeugten Widerstand leisten.

Der Nationalsozialismus und die Trienter Kurie

Nachdem am 25. Juli 1943 Mussolini gestürzt und am 3. September der Waffenstillstand zwischen Italien und den Alliierten geschlossen worden war, besetzten am 8. September deutsche Truppen Italien. Die Provinzen Bozen, Trient und Belluno wurden zur so genannten »Operationszone Alpenvorland« zusammengeschlossen und dem Gauleiter von Tirol-Vorarlberg Franz Hofer als Oberstem Kommissar unterstellt. Hofer sorgte dafür, dass Mussolini, der mit deutscher Unterstützung in Norditalien die »Soziale Republik von Salò« errichtet hatte, auf die Operationszone keinerlei Einfluss ausüben konnte. Vielmehr wurde dieses Gebiet von deutschen Militär- und Zivilbehörden verwaltet. Beim Aufbau einer Zivilverwaltung in der Provinz Bozen stützte sich Franz Hofer vor allem auf die im Land verbliebenen Optanten. Den Volksgruppenführer Peter Hofer ernannte er zum Präfekten der Provinz. Als dieser im Dezember 1943 in Bozen einem Luftangriff zum Opfer fiel, wurde Dr. Karl Tinzl aus Schlanders sein Nachfolger.

Wer die nationalsozialistische Machtergreifung am meisten zu spüren bekam, waren die Kirche und die »Dableiber«. Sofort ging man gegen die katholische Presse und das katholische Schulwesen vor. Nachdem schon im Oktober 1941 auf Druck der Deutschen der »Volksbote« und das »Katholische Sonntagsblatt« von den Faschisten verboten worden waren, traf es nun die »Dolomiten«, die »Jugendwacht«, das »Priesterkonferenzblatt«, den »Reimmichl-Kalender« sowie den »St.-Kassian-Kalender«. Noch im September 1943 wurden das Vinzentinum in Brixen, das Johanneum in Dorf Tirol, das Franziskanergymnasium in Bozen und das Kapuziner-gymnasium in Salern sowie das Institut der Marcelline in Bozen geschlossen. Die Gebäude wurden beschlagnahmt. Aus der Kapelle der Kapuziner in Salern wurde z.B. ein Werkraum gemacht und der Altar wurde zugemauert. Religiöse Veranstaltungen außerhalb der Kirche durften nur mit Genehmigung des Obersten Kommissars bzw. des Präfekten stattfinden.

Zwischen dem 1941 neu ernannten Trienter Erzbischof Karl von Ferrari und seiner Kurie herrschte in dieser Zeit nicht immer das beste Einvernehmen. Selbst die öffentliche Meinung war öfters gegen den Bischof, der sich vor der Wende zu oft zugunsten des Faschismus ausgesprochen hatte und sich deshalb auch jetzt kaum einen überzeugten und energischen Widerstand gegen das nationalsozialistische Regime leisten konnte. Aber nachdem im Mai 1944 das Trienter Diözesanblatt und anschließend ein Hirtenbrief des Bischofs beschlagnahmt worden waren, sandte Ferrari ein Protestschreiben an den Obersten Kommissar, das ohne Antwort blieb. Als man einige Zeit später dem Bischof zu verstehen gab, dass sein Besuch bei Franz Hofer in Bozen erwünscht wäre, lehnte er ab. Unter dem Trienter Klerus gab es viele Verhaftungen von Dekanen, Pfarrern und Kuraten, für die sich der Bischof in einem Brief vom 30. November 1944 an den Präfekten Franz Bertolini einsetzte. Als im September 1948 die Frau Hofers über Dr. Kurt Heinricher den Erzbischof Ferrari bat, eine Erklärung über das Verhalten von Franz Hofer als Oberstem Kommissar für den Prozess in München abzugeben, antwortete dieser: »Sono assai spiacente, ma quanto mi chiede e assolutamente impossibile.«

Nach dem Machtwechsel im September 1943 war auch für den Provikar des deutschen Anteils, Josef Kögl, eine größere Zurückhaltung geboten, da er ja als Nichtoptant dem neuen Regime besonders verhasst war. Andere Priester des deutschen Anteils, die sich gegen die Option eingesetzt hatten, bekamen die Wende besonders deutlich zu spüren, allen voran Michael Gamper. Der Kanonikus, der sich zur Zeit des Faschismus wie kaum sonst jemand für das Deutschtum in Südtirol geschlagen hatte, wurde nun als Volksverräter betrachtet. In einem amtlichen nationalsozialistischen Dokument wurde er sogar als »Volksfeind Nummer 1« hingestellt. Mit Hilfe einiger Freunde gelang es ihm, sich schließlich in Florenz in Sicherheit zu bringen. Toni Ebner hat später die abenteuerliche Flucht beschrieben.

Der Gefängnisgeistliche Giovanni Nicolli, der vielen Geistlichen, die ins gefürchtete Bozner Gefängnis kamen, das Leben rettete, im Gespräch mit dem Patriarchen von Venedig, Angelo Giuseppe Roncalli.

Der Nationalsozialismus und die Verfolgung von Priestern in der Diözese Trient

Den Machtwechsel vom September 1943 bekamen nicht nur Kanonikus Michael Gamper und Rudolf Posch zu spüren, sondern auch eine ganze Reihe von anderen Priestern. Der Assistent der katholischen Aktion des deutschen Anteils von Trient, Josef Ferrari, wurde von der Gestapo verhaftet und ins Gefängnis nach Innsbruck gebracht. Bereits am 13. September wandte sich Weihbischof Oreste Rauzi von Trient im Namen des Erzbischofs Karl von Ferrari an Fürstbischof Johannes Geisler von Brixen mit der Bitte, er möge sich für die in Bozen verhafteten Priester Michael Gamper – in Trient meinte man, auch der Kanonikus sei festgenommen worden –, Rudolf Posch und Josef Ferrari einsetzen. In der Tat hat sich Geisler dann für diese Priester verwendet. Seine Fürsprache bei Gauleiter Franz Hofer sowie jene anderer einflussreicher Persönlichkeiten führte zu Weihnachten zur Enthaftung Ferraris, der aber anschließend nach St. Josef am Kalterer See verbannt wurde.

Aus der Diözese Trient wurden 1944 weitere Priester in Haft genommen. So der Pfarrer von Latzfons, Bartholomäus Terzer, weil er einem Wehrdienstverweigerer eine Unterkunft besorgt hatte; der Pfarrer von Wangen, P. Polykarp Obkircher OT, der auf der Kanzel über Nazis gesagt hatte, dass Gott die Kirchenverfolger bestrafe; der Kooperator von St. Pauls/Eppan, Otto Schwienbacher, der in einer Predigt behauptet hatte, dass die nationalsozialistische Ideologie mit der Lehre der katholischen Kirche unvereinbar sei, und der Kurat von Pawigl, Christoph Haser, weil er einen Deserteur verpflegt hatte. Diese Priester wurden dank des Einsatzes von Dr. Konrad Seiler, des Ersten Staatsanwaltes beim Sondergericht für die »Operationszone Alpenvorland«, vom gefürchteten Bozner Gefängnis in das weit weniger gefährliche von Schlanders überstellt, wo sie von der Bevölkerung mit Nahrungsmitteln reichlich versorgt wurden. Kurz im Gefängnis waren auch die Pfarrer Gregor Siber von Nals, Hermann von Stenitzer von Algund und P. Anselm Köfler von Burgeis.

Obengenannte Priester hatten ihr Leben nicht nur dem mutigen Einsatz Seilers, sondern auch dem aus Stenico im Trentino stammenden Gefängnisgeistlichen Giovanni Nicolli († 1973) zu verdanken. Seiler schrieb am 8. Mai 1945 von der Villa Brigl in Bozen aus an Nicolli:

»Im Begriff, das Land zu verlassen, ist es mir ein Herzensbedürfnis, Sie meiner unwandelbaren Verehrung und zutiefst empfundenen Dankbarkeit zu versichern. Vom Reichsjustizministerium anlässlich einer Differenz dieser Behörde mit dem Obersten Kommissar Gauleiter Hofer, der einen seiner Freunde zum Leiter der hiesigen deutschen Staatsanwaltschaft ernannt sehen wollte, als ›Neutraler‹ hierher geschickt, hatte ich, den Außenstehenden nicht erkennbar, von Anfang an eine sehr schwierige Position ... Wenn es trotz alledem gelungen ist, so viele Menschen zu retten, dann ist das in erster Linie Ihr unbestrittenes Verdienst. Sie haben durch Ihren persönlichen Mut, durch Ihre Umsicht, Ihr unermüdliches Eintreten erst die Möglichkeit geschaffen, zu handeln. Sie haben die Verbindung zu den Partisanen hergestellt und den Austausch der Gefährdeten und schon Verurteilten in die Wege geleitet. Wer hatte in dieser entsetzlichen Zeit der Menschenjagd und des Terrors den Mut, zu handeln! Ich habe bei den verschiedensten Menschen und Organisationen mich um Unterstützung und Hilfe umgesehen. Alle waren höflich, sahen die Notwendigkeit zu handeln ein, aber das Risiko abwägend zogen sie sich zurück. Die Kirche und unter den hochwürdigen Herren Sie, sehr verehrter Don Nicolli, haben das Risiko in Kauf genommen, obwohl Sie sich der Tragweite Ihres Handelns sehr wohl bewusst waren. Man sollte Ihnen für die Rettung so vieler Menschen, ob sie nun Mischi, Dapunt oder anders hießen, ein Denkmal setzen! Das haben Sie in der Tat verdient! Es wäre für kommende Generationen wichtiger als ein Kriegerdenkmal.«

Im Winter 1944/45 kamen auch italienische Priester in das Konzentrationslager von Bozen, und zwar Guido Pedrotti und Angelo Dalmasso, die dann mit dem Viehwaggon nach Dachau gebracht wurden, Narciso Sordo, der nach Mauthausen kam, und Daniele Longhi. Für alle in Bozen in Haft genommenen und internierten Geistlichen setzte sich auch der Trienter Weihbischof Rauzi besonders ein, der ebenfalls mit Giovanni Nicolli ständig in Kontakt war, so dass sich Erzbischof Ferrari nach dem Krieg bemüßigt fühlte zu erklären, warum Rauzi und nicht er für die vom Bozner Sondergericht Verurteilten aktiv geworden war. Dieses Lager zählt zu den dunkelsten Kapiteln Bozens. Obwohl nur zehn Monate – von Juli 1944 bis Ende April 1945 – in Betrieb, ist dort 11.000 Häftlingen großes Leid widerfahren.

Der Vergessenheit entrissen werden soll auch P. Konstantin Amort. Er wurde im Jahr 1900 in Branzoll geboren und trat 1920 in den Franziskanerorden ein. Im Kloster von Cavalese unterstützte er Flüchtlinge und auch Partisanen. Deshalb wurde er am 27. November 1944 von der Gestapo verhaftet, am 10. Jänner 1945 auf einem offenen Lastwagen bei eisiger Kälte ins Durchgangslager Bozen und anschließend ins KZ nach Mauthausen gebracht, wo er am 2. März 1945 an Auszehrung und Hunger verstarb.

Rudolf Posch im März 1940 in Rom.
Er wurde am 8. September 1943
verhaftet und ins Konzentrationslager nach Dachau gebracht.

Rudolf Posch. Ein Mann von echt christlicher Gesinnung

Das Leben von Rudolf Posch war geprägt von Pflichterfüllung und Pünktlichkeit, von Hilfsbereitschaft und Freundlichkeit, von aufrichtigem Tirolertum und von christlicher Gesinnung. Dafür bezahlte er mit zwei Jahren Konzentrationslager in Dachau. Posch wurde am 13. September 1887 in Trient als Sohn des österreichischen Steuerbeamten Alois und der Pacifica Wolf geboren. Seine Mutter stammte aus einer der deutschen Sprachinseln des Valsuganatals und fühlte sich als Italienerin. So wurde daheim immer deutsch und italienisch gesprochen. Rudolf, der beide Sprachen perfekt beherrschte, empfand dies nicht als Last, sondern als Bereicherung. Nach dem Besuch des deutschen Gymnasiums in Trient studierte er am Trienter Priesterseminar Theologie und wurde am

29. Juni 1911 zum Priester geweiht. Als Italien 1915 Österreich den Krieg erklärte, kam Posch als Feldkurat nach Folgaria und erlebte das Kriegsende in Rumänien. Am 1. Oktober 1924 gelangte er als Kooperator von Kurtatsch in die Redaktion des »Volksboten« und des »Landsmann«. Nach dem Tod des Chefredakteurs der »Dolomiten« Josef Eisendle, wurde Posch 1935 dessen Nachfolger. Als Gegner der Option hoffte er nach dem Sturz Mussolinis am 25. April 1943 auf ein baldiges Ende des Krieges. Öfters hatte man ihn gewarnt und zur Flucht geraten. Aber er wollte den Nazis nicht die Genugtuung geben, zu sagen, der Posch sei geflohen. Freudig nahm er am 8. September 1943 den Abschluss des Waffenstillstandes von Pietro Badoglio zur Kenntnis. Aber bereits am 9. September 1943 wurde er festgenommen und nach Innsbruck gebracht.

Darüber berichtet Kanonikus Gamper selbst: »Am 8. September 1943 war es. Wir hatten aus dem Lautsprecher Badoglios Radiobotschaft über den Abschluss des Waffenstillstandes mit den Alliierten vernommen … Bald hernach kam auch Herr Posch zu uns. Den Armen schien nur der Gedanke zu beschäftigen, wie das neueste Ereignis journalistisch ausgewertet werden könnte. ›Wir müssen doch morgen eine Extraausgabe herausbringen‹, meinte er. Da mir andere Sorgen näher lagen, zeigte ich nicht allzuviel Lust, auf die wohlgemeinte Anregung meines Kollegen einzugehen. Doch er drängte: ›Waffenstillstand! Das wird wohl wichtig genug sein, um eine Sonderausgabe zu rechtfertigen?!‹ Schließlich bemerkte ich, er möge, wenn er wirklich eine solche Ausgabe beabsichtige, einmal bei der Präfektur anfragen, ohne deren Erlaubnis ein Extrablatt nicht ausgegeben werden konnte, fügte aber hinzu: ›Morgen können wir ja auch besetzt sein!‹ Daran hatte unser guter Posch nicht gedacht. ›Glaubst Du wirklich …?‹

Mit dem Bemerken, er habe noch nicht zu Abend gegessen, es war bereits 9 Uhr – verabschiedete er sich. Am nächsten Tag ging er wie jeden Tag um 7 Uhr früh in die Redaktion, um an der nächsten Nummer der ›Dolomiten‹ zu arbeiten. Kurz darauf traten Abgesandte der Gestapo, die in der Nacht zuvor in Bozen die Macht ergriffen hatte, bei ihm ein und forderten ihn auf mitzukommen. Der verantwortliche Direktor bezahlte ebenso wie sein Kollege Dr. Friedl Volgger die Treue zu seinem Blatt und den von ihm vertretenen Grundsätzen mit dem KZ von Dachau. Von dem Tag an erschienen die ›Dolomiten‹ nicht mehr.«

Obwohl Posch nicht der Diözese Brixen angehörte, nahm sich der Brixner Bischof Geisler seiner an und bat die Nazis um Enthaftung. Aber er hatte keinen Erfolg. Posch war zuerst nach Innsbruck, bald darauf nach Landshut und schließlich nach Dachau gebracht worden. Mit geschwächter Gesundheit kehrte er im April 1945 aus dem Konzentrationslager nach Bozen zurück und war noch einmal vom 15. Juni 1945 bis Oktober 1946 Chefredakteur der »Dolomiten«. Dann gab er die Leitung der Zeitung an Kanonikus Gamper ab, der aus Rom zurückgekehrt war. Dennoch arbeitete Posch weiterhin bei der von ihm so geliebten Zeitung bis er am 9. Dezember 1948 einem Schlaganfall erlag. Othmar Parteli schrieb über Posch: »›Der Tiroler‹ und der ›Volksbote‹, vornehmlich aber die ›Dolomiten‹, hatten in Posch einen Mann, der sie in kleinen Zeiten groß und in harten Zeiten stark machte, stets das allgemeine Wohl im Auge und die Gerechtigkeit für unser Land.«

Josef Ferrari, für dessen Enthaftung
sich Fürstbischof Geisler
erfolgreich eingesetzt hat

Josef Ferrari. Ein »sattsam bekannter« Geistlicher

Zu den Priesterpersönlichkeiten, die das nationalsozialistische Regime sehr früh durchschaut hatten, zählt Josef Ferrari. Er wurde am 10. Juni 1907 in Bozen geboren und 1931 in Trient zum Priester geweiht. Wegen seiner Fähigkeiten wurde er 1934 mit dem Amt eines Diözesanassistenten der Katholischen Aktion für den deutschen Anteil der Diözese Trient betraut.

Sein ganzer Einsatz galt fortan der Jugendarbeit, die zur Zeit der Option besonders schwierig wurde. Rückblickend auf diese Zeit schrieb Ferrari am 3. November 1957: »Mein Versuch, für die damalige katholische Jugendarbeit in Südtirol die Versammlungsfreiheit in der Öffentlichkeit zu erwirken, wie sie vom Lateranpakt der Jugend der K. A. zugesprochen worden war, scheiterte an dem allgemeinen Verbot der Regierung gegen alles Deutsche in der Öffentlichkeit. Damit war die Jugendarbeit fast ausschließlich auf den Altar zurückgedrängt worden. Dazu kam, dass der Druck des Faschismus in der Jugend Südtirols zu einer starken Reaktion geführt hatte. Es entstand eine geheime nationale Jugendbewegung, welche in der nationalen Not die einzige Not sah und alle Kräfte für die natürlichen Werte des Volkes einsetzte. Durch diese Einstellung war die Jugend für das Religiöse kaum oder nur sehr schwer ansprechbar geworden. In den katholischen Kreisen selbst war die Frömmigkeit einseitig auf das Motto ›Rette deine Seele‹ eingestellt, und der Sinn für die Aufgaben des Gottesreiches, für die Kirche und ihr Apostolat waren kaum lebendig.«

Ferrari sprach sich entschieden gegen die Umsiedlung aus. Im Dezember 1939 hielt er am Ritten eine Predigt, in der er sagte, dass den Menschen in Deutschland nichts Gutes bevorstünde. Die Bauern kämen nach Polen und würden dort als Kanonenfutter gegen den Bolschewismus dienen. Deshalb war er der Arbeitsgemeinschaft der Optanten (AdO) ein Dorn im Auge und wurde ständig überwacht. So schrieb der Leiter des Personalamtes der AdO in Bozen, Luis Gozzi, am 18. Juni 1942 an die Kreisleitung von Bruneck: »Ich bitte alle Vertrauensmänner anzuweisen, Oberst Brunner sofort fernmündlich … mitzuteilen, sobald Ferrari in ihrem Ort auftauchen sollte. Es handelt sich hier um den sattsam bekannten jungen Geistlichen, der als Beauftragter der Kath. Aktion ständig im Lande herumreist, Reden hält, Exerzitien veranstaltet und derartiges mehr.«

Gleich nach dem Machtwechsel im September 1943 wurde Ferrari verhaftet und ins Gefängnis nach Innsbruck gebracht. Auf die Bitte des Trienter Ordinariates setzte sich Fürstbischof Geisler für Ferrari ein. In einem Promemoria, das Geislers Generalvikar Alois

Pompanin für den neuen Präfekten der Provinz Bozen, Rechtsanwalt Tinzl, erstellte, heißt es: »Der Hochwürdigste Fürstbischof wurde ersucht, für die beiden verhafteten Priester (Ferrari und Posch) Fürsprache einzulegen. Obwohl dieselben nicht zu seiner Diözese gehören, will er es tun, wenn gegen die beiden nichts anderes vorliegt als ihre Stellungnahme zur Option, damit durch diese Freilassung ein neuer Schritt zur Einigkeit des Südtiroler Volkes getan werde. Der Hochwürdigste Fürstbischof möchte auch für Ferrari seine geschwächte Gesundheit, für Posch seine 80-jährige Mutter, die sich sehr um ihn sorgt, geltend machen.« Diese Fürsprache sowie die anderer einflussreicher Persönlichkeiten bei Gauleiter Franz Hofer führte zu Weihnachten zur Enthaftung Ferraris, der dann nach St. Josef am Kalterer See verbannt wurde, wo er in vorbildlicher Weise die Seelsorge versah.

Mit viel Geschick gelang es Ferrari, nach dem Zusammenbruch bei den alliierten Besatzungsmächten 1945 den deutschen Schulunterricht für die Südtiroler zu erwirken. Anschließend baute Ferrari als Vizeschulamtsleiter unter unzähligen Schwierigkeiten das vom Faschismus völlig zerstörte Schulwesen wieder auf. In der Öffentlichkeit ist er wenig hervorgetreten. Wohl aber hat er sich auf Tagungen der Lehrer und Priesterkonferenzen sowie in verschiedenen Ausschüssen kultureller Vereine entscheidend eingebracht und vor allem zum Wohle der Jugend, des Volkes und des Landes gewirkt. Mit Entschiedenheit, aber immer auch mit Besonnenheit und großer Sachkenntnis vertrat er bei den Behörden den Standpunkt der deutschen Schule. Dabei wurde er nicht selten von den eigenen Landsleuten behindert und bekämpft. Da er seit Längerem an einer unheilbaren Krankheit litt, suchte er Hilfe in München und Wien. Aber sein Zustand verschlimmerte sich zusehends. Zum Schluss fand er noch eine liebevolle Pflege im Marieninternat in

Bozen. Hier besuchten ihn noch sein Oberhirte Ferrari von Trient, der Bischof von Brixen, Gargitter, und Landeshauptmann Pupp. Am 16. April 1958 verstarb er im Alter von 51 Jahren und wurde am 18. April im Friedhof von St. Jakob in Bozen unter Beteiligung einer großen Volksmenge beigesetzt.

Der bekannte Krippenbauer Ferdinand Plattner stellte 1943 eine nur aus Ochs und Esel bestehende Krippe aus.

Ferdinand Plattner. Eine Krippe nur mit Ochs und Esel

Aufsehen erregte in Südtirol die Festnahme des bekannten Krippenbauers Ferdinand Plattner. In der überaus vielfältigen und reichhaltigen Krippenlandschaft nimmt Ferdinand Plattner sicherlich einen nicht unbedeutenden Platz ein. Hier soll aber nicht so sehr vom Künstler die Rede sein, als vielmehr von dessen Schicksal zur Zeit des Nationalsozialismus. Plattner wurde am 13. Mai 1869 als Sohn des Altarbauers Johann Plattner in Steinach am Brenner geboren. Nach seinen Studien in Brixen wurde Plattner am 29. Juni 1892 zum Priester geweiht. Anschließend wirkte er als Kooperator in Schlitters und in Flaurling. Dann erkrankte er so schwer, dass selbst die Ärzte mit seinem Tod rechneten. In seiner humorvollen Art sagte er von den Medizinern: »Sie haben mi net umderbracht.« An den Folgen seiner Krankheit litt er aber bis zu seinem Lebensende. Wohl aufgrund seines Leidens wurde er im Jahr 1906 zum Direktor des Priesterhauses in Sarns bei Brixen berufen, wo dienstunfähige Geistliche betreut wurden. In diesem nicht ganz leichten Amt hatte Plattner viel Geduld bewiesen. Die Leidenschaft Plattners galt jedoch dem Krippenbau, so dass er als »Krippenapostel« in die Geschichte Tirols einging. Im Jahr 1923 gab er gemeinsam mit dem Brixner Finsterwirt Anton Mayr das Büchlein »Der Krippenbau« heraus, das mehrere Auflagen erreichte. Im Jahr 1924 errichtete er in Sarns eine Krippenschule, die für Südtirol von großer Bedeutung wurde. Das selbstlose Wirken Plattners fand bald auch bei seinen Vorgesetzten Anerkennung. So wurde er 1942 zum Ehrenkanonikus ernannt.

Aus seiner antinationalsozialistischen Gesinnung machte Plattner kein Hehl. Als zu Weihnachten des Jahres 1943 Spitzel seine Krippenausstellung besuchten, gab er zu einer nur aus Ochs und Esel bestehenden Krippe eine humorvolle Erklärung und sagte, die hl. Familie sei vor dem Nazismus geflohen, nur die beiden Tiere seien zurückgeblieben. Plattner wurde daraufhin verhaftet und ins Gefängnis nach Bozen gebracht, wo der Oberste Kommissar Franz Hofer das Todesurteil wegen Majestätsbeleidigung forderte. Obschon der Staatsanwalt Dr. Konrad Seiler die Angelegenheit völlig anders sah, war er gezwungen, Plattner zu vier Jahren Gefängnis zu verurteilen. Darauf sagte Plattner: »Das hab' i mir schon gedacht, dass i das Aufhängen nit derheb!« Wie es genau zur Verhaftung kam, schilderte Plattner selbst in einem Brief: »… auch die Krippe muss ihre Märtyrer haben. Es waren mehrere Leute bei mir Krippen schauen. Da habe ich eine kleine Krippe abgetragen und gesagt: ›Jetzt werde ich euch zeigen, wie eine arische Krippe aussieht. Das Jesukind muss fort, weil Sohn Davids, die Muttergottes ebenfalls als Tochter Davids, der hl. Josef, in den Kasten damit, weil Nachkomme Davids, die Hirten, lauter Juden, also weg. Dann haben die Engel gesagt, wenn das Jesuskind nicht mehr da ist, gehen wir auch und so bleibt nichts mehr übrig als Ochs und Esel.‹ Da hat einer unter den Anwesenden gesagt: ›Ja, ja, bleibt nichts mehr übrig als Hitler und Mussolini.‹ Das hat ein preußischer Sonderführer gehört und sofort die Anzeige gemacht. Ich wurde eingezogen, nach Bozen eskortiert und beim Verhör sollte ich um alles in der Welt sagen, wer diese Äußerung gemacht hat. Ich sagte es natürlich nicht. Dann hieß es: ›Gut, wenn Sie es nicht sagen, dann nehmen wir an, dass Sie es selbst gesagt haben.‹«

Da der Krippenbauer kränklich und bereits 75 Jahre alt war, gelang es dem Staatsanwalt, ihn vorerst nach Schlanders und anschließend ins Philippinum nach Meran bringen zu lassen und damit sein Leben zu retten. Am 24. Jänner 1945 schrieb ihm Generalvikar Pompanin, der mit Dr. Seiler in Kontakt war: »Du bleibst vorderhand bis zum 1. 5. im Philippinum und wirst dann nochmals auf Haftunfähigkeit untersucht. Und dann wird man ja sehen. Ich wünsche Dir inzwischen gute Besserung, aber nicht zuviel, sodass es bei der Haftunfähigkeit bleibt. Ein Ding möchte ich Dir aber sehr ans Herz legen! Sei im Verkehr, im mündlichen und brieflichen recht zurückhaltend, wenn es Dir auch manchmal schwer ankommen sollte. Es ist nämlich wichtig, dass Du nach keiner Seite auffällst; so kommst Du am ungeschorensten durch; wenn Du auffallen solltest, kann man nicht wissen, wer sich für Dich interessiert und in welcher Weise. Deswegen auch in Kleruskreisen recht vorsichtig sein und womöglich außer im Philippinum nicht erscheinen … Außerdem sind gerade die geistlichen Kreise häufig sehr unvorsichtig. Mir geht es persönlich gut; bin gesund, habe zu essen und ein Dach über dem Kopf, wofür man in diesen schweren Zeiten Gott nicht genug danken kann. Und für die Zukunft wird er wohl weiter sorgen.« Nach dem Zusammenbruch des Dritten Reiches durfte Plattner wieder in sein geliebtes Sarns zurückkehren, wo er bis zu seinem Tode am 6. April 1950 verblieb.

Mit dem Gefängnis Bekanntschaft machten auch die zum Teil schon genannten Priester Bartholomäus Terzer, Otto Schwienbacher, Christoph Haser, Gregor Siber, Hermann von Stenitzer, P. Anselm Köfler, Karl Staudacher, Josef Achmüller, Walter Gilli und Josef Reifer. Besonders grausam zeigte sich das Regime gegenüber dem Klerus der Apostolischen Administratur Innsbruck-Feldkirch. Nach gründlichen Studien von Helmut Tschol ergibt sich, dass von den ungefähr 450 Geistlichen des Tiroler Anteils jeder fünfte mindestens einmal in Haft war. Auch im Tiroler Anteil der Erzdiözese Salzburg gab es eine ganze Reihe von Priestern, die mit dem Naziregime in Konflikt geraten sind. Insgesamt hatte Tirol den Tod von elf Priestern zu beklagen.

Anton Crepaz wurde wegen antinationalsozialistischer Aussagen in einer Predigt verhaftet.

Anton Crepaz:
»Bleibt treu eurem Glauben!«

Eine mutige Predigt gegen den Nationalsozialismus wäre Professor Anton Crepaz beinahe zum Verhängnis geworden. Crepaz wurde am 11. September 1902 in Buchenstein geboren und absolvierte seine Studien mit Erfolg am Vinzentinum und am Priesterseminar in Brixen, wo er am 29. Juni 1927 zum Priester geweiht wurde. Nach seiner seelsorglichen Tätigkeit als Kooperator in St. Andrä schickten ihn seine Vorgesetzten zum Weiterstudium an die Herz-Jesu-Universität nach Mailand, wo er zum Doktor der Philosophie promovierte. Im selben Jahr begann Crepaz seine Lehrtätigkeit am Vinzentinum. In die Geschichte des Widerstandes ist Crepaz mit einer Predigt eingegangen, die er am 1. Jänner 1944 in Mittewald gehalten hat und in der er mit unzweideutigen Worten die heidnische Weltanschauung des Nationalsozialismus angeprangert und seine Zuhörer aufgefordert hat, dem Glauben der Väter treu zu bleiben. Wörtlich sagte er: »Bleibt treu eurem Glauben! Warum? Ist vielleicht eine Gefahr für den Glauben da? Wer nicht blind und nicht taub ist, wird mit ja antworten. Wir brauchen nur die Zeitungen anzuschauen und Schriften, die verteilt werden. Da ist ganz planmäßig und absichtlich jedes christliche Wort, jedes christliche Zeichen vermieden. Selbst das Wort Christbaum ist verpönt, dafür sagt man jetzt Lichterbaum. Ein Kreuz vor dem Namen einer Person hat bisher soviel bedeutet wie verstorben. An Stelle eines Kreuzes macht man jetzt so ein komisches Zeichen, das aussieht wie der Fuß eines Galgens. Vor kurzem haben wir zu lesen bekommen, dass das Weihnachtsfest im Grunde genommen nichts anderes ist als eine Sonnenwendfeier. Ja, wenn das Weihnachtsfest nicht mehr ist als eine Sonnenwendfeier, dann hat man keinen Grund, sich zu ärgern, wenn der Feind ausgerechnet an diesem Tage Bomben herabwirft. Man will eben das Weihnachtsfest seines christlichen Charakters berauben. Darüber müssen wir uns im klaren sein, sobald das Christkind nicht mehr da ist am Weihnachtsfest, dann wird dieser Tag zum aschgrauen, gemeinen Werktag. Man hält Staatsbegräbnisse ohne Priester, um auch diesem letzten Dienst am Verstorbenen die religiöse Weihe zu nehmen. Wo soll das alles hinaus? Man müsste mehr als blind sein, um nicht klar zu erkennen, dass man unserem Volk das Christentum, den Glauben seiner Väter, langsam, langsam aus dem Herzen reißen will. So heißt es auf der Hut sein. Auf diesem Gebiet gibt es kein Handeln, kein Markten.«

Diese mutigen Worte konnten offenbar nicht überhört werden und in der Tat muss Crepaz sowohl bei der staatlichen als auch bei der kirchlichen Behörde verklagt worden sein, denn am

14. Februar 1944 schrieb Generalvikar Pompanin an den Direktor des Vinzentinums, Wilhelm Wassermann, dass Fürstbischof Geisler den Text der Predigt gelesen habe, und er es nicht für ratsam halte, dass derselbe aus eigener Initiative der Behörde vorgelegt werde. Am 20. März 1944 beschäftigte der Fall Crepaz wieder den Generalvikar, der mit diesem Datum ein Schreiben an Dr. Konrad Seiler, dem ersten Staatsanwalt beim Sondergericht für die Operationszone Alpenvorland, richtete. Aus diesem Brief geht hervor, dass Crepaz sich im Untersuchungsgefängnis in Bozen befand und einer Verhandlung vor dem Sondergericht entgegensah. Dieses Sondergericht verhängte äußerst drastische Strafen. So wurde beispielsweise am 14. März 1944 Adennar Jeran aus Sardinien zum Tod verurteilt, weil er von einem bombengeschädigten Wagen Teile abmontiert hatte. Pompanin, der mit Seiler, dem so mancher inhaftierte Südtiroler Geistliche sein Leben verdankte, gute Kontakte hatte, erreichte, dass der Fall Crepaz bald positiv erledigt werden konnte. Mit Schreiben vom 15. April 1944 bedankte sich Pompanin im Namen des Fürstbischofs bei Seiler für die schnelle Erledigung des Falles Crepaz. Dann fügte er im Schreiben hinzu: »Damit solch unliebsame Fälle sich nicht wiederholen, hat der hochwürdigste Fürstbischof eine neue Weisung an den Klerus seiner Diözese hinausgegeben. Ich erlaube mir ein Exemplar davon hier beizulegen. Und ich möchte zugleich meiner Hoffnung Ausdruck geben, dass alle Geistlichen diese Weisung beherzigen und ein Eingreifen der Polizei gegen Geistliche nicht mehr notwendig sein wird.« Diese Weisung des Fürstbischofs an den Klerus trägt das Datum vom 4. April 1944. Darin heißt es: »Infolge der Verhaftung und andauernden Einkerkerung dreier Geistlichen sehe ich mich gezwungen auf die Verhaltungsmaßnahmen zurückzukommen, die ich am 7. Oktober 1943 hinausgegeben

habe. Ich möchte zunächst betonen, dass jede Unklugheit, die ein Geistlicher begeht, nicht nur ihm persönlich schadet, sondern auch dem ganzen Klerus und selbst der Religion … Besonders möchte ich den Klerus dringend mahnen, in Predigten, Katechesen und anderen Unterweisungen sich aller politischen Anspielungen zu enthalten und auch alles zu vermeiden, was in diesem Sinne aus der gegebenen Lage verstanden werden könnte … Der Geistliche muss sich auch bewusst sein, dass wegen der Einstellung eines großen Teiles des Klerus während der Optionszeit auch Äußerungen und Handlungen, die in anderen Lagen harmlos wären, eine ungünstige Auslegung erfahren können.«

Es ist außer Zweifel, dass Crepaz die befriedigende Lösung seines Falles dem Generalvikar und natürlich dem Staatsanwalt Seiler zu verdanken hatte. Crepaz, der ein sehr verständnisvoller Lehrer war, hat insgesamt über 30 Jahre lang im Vinzentinum unterrichtet. Er starb am 17. Juli 1964.

Pfarrer Bartholomäus Terzer kam wegen einer Predigt ins Gefängnis nach Bozen.

Pfarrer Bartholomäus Terzer und die Predigt über die Feindesliebe

In den Abendstunden des 14. Dezember 1986 starb in der Marienklinik in Bozen der langjährige Pfarrer von Latzfons, Bartholomäus Terzer. Mehr als ein halbes Jahrhundert hat er die Geschicke von Latzfons mitgetragen und entscheidend mitgestaltet.

Der Barthl von Latzfons, wie er sich selbst gerne nannte, wurde am 1. Februar 1896 in Niederlana geboren. Seine Gymnasialstudien absolvierte er als Zögling des Johanneums am Benediktinergymnasium in Meran. Nach der Matura meldete er sich im August 1916 bei den Kaiserschützen und kämpfte als Leutnant am Monte Grappa. Aus dem Krieg zurückgekehrt ging er zum Theologiestudium nach Brixen, wo 1922 zum Priester geweiht wurde. Er diente zunächst als Kooperator in verschiedenen Orten des deutschen Anteils der Diözese Trient. Im Jahr 1933 übernahm er die Pfarre Latzfons, die er bis zu seiner Pensionierung 1970 leitete und wo er dann auch seinen Ruhestand verbrachte. Seine große Liebe galt dem Gotteshaus in Latzfons, das er restaurieren ließ, dem Priesternachwuchs, für den er sich stark einsetzte, und dem Schutzhaus beim Latzfonser Kreuz, dessen Neubau er in die Wege leitete.

Seine Tätigkeit als Pfarrer fiel in die dramatische Zeit des Faschismus, der Option und des Nationalsozialismus. Vielen Latzfonsern blieben seine Religionsstunden während der Faschistenzeit im »Bachstübele« in lebhafter Erinnerung. Zur Zeit der Option hatte er als überzeugter »Dableiber« manche Widerwärtigkeiten zu ertragen. Bei einer Predigt, die er am 23. Jänner 1944 hielt, sagte er: »Ist es erlaubt, die Feinde zu hassen? Angenommen diesen Fall. Wer ist dann der Feind? Jeder, den du als deinen Feind erklärst oder dir einbildest. Das ist einmal sicher jenes Volk, das gegen uns Krieg führt und jeder Soldat und schließlich jeder Mensch in diesem Volke. Dein wirklicher oder eingebildeter Feind kann aber auch sein dein Nachbar, dein Knecht, dein Bruder, dein Vater, dein Sohn, dein Weib. Nicht wahr? Also, wenn der Kain seinen Bruder Abel erschlägt, hat er gut gehandelt. Wenn das Weib ihren Mann ermordet, weil er ihr nicht alle Unterhaltung erlaubt, hat sie recht gehandelt. Wenn der Sohn seinen Vater erschießt, weil er anders denkt als er selber, hat er recht gehandelt. Wenn der Knecht dein Haus anzündet, weil du ihn geschimpft hast, hat er recht gehandelt. Ganz gewiss, so muß es ja zugehen im neuen Zeitalter, wo es sogar Gebot ist: ›Du sollst Deine Feinde hassen! – Du mußt deine Feinde hassen!‹ Was aber spricht Jesus Christus, der Sohn Gottes? Er sagt: ›Ihr habt gehört, daß gesagt worden ist: Du sollst deinen Nächsten lieben und deinen Feind hassen. Ich aber sage euch:

Liebet eure Feinde, tut Gutes denen, die euch hassen und betet für die, die euch verfolgen!‹ Wem willst du glauben? Jesus Christus, dem Sohne Gottes, oder der Schlange, dem Vater der Lüge, der die Menschen verderben will?«

Wegen dieser Predigt und weil Terzer einem Wehrdienstverweigerer Unterschlupf besorgt hatte, kam er zunächst ins Gefängnis nach Bozen, dann nach Meran und schließlich nach Schlanders. Dem Latzfonser Lehrer Hans Schrott erzählte er später einmal, er habe den Staatsanwalt Dr. Konrad Seiler, der sich der inhaftierten Priester besonders annahm, gebeten, er möge sich doch einsetzen, damit er wieder als Pfarrer arbeiten könne. Darauf habe ihm der Staatsanwalt ins Ohr geflüstert: »Seien Sie beruhigt! Solange Sie in Untersuchungshaft sind, bleiben Sie hier, sonst muss ich Sie nach Dachau schicken.« Am Pfingstsonntag, dem 23. Mai 1945, konnte Terzer wieder in Latzfons predigen. Dabei sprach er über das Thema: »Der Heilige Geist – die Liebe« und sagte: »Der Geist Jesu Christi, der Hl. Geist muß wieder das Antlitz der Erde erneuern … Europa, so arm und elend bist du geworden, weil du Christus, deinen einzigen Erlöser verworfen und einen Menschen angebetet hast, weil du den Heiligen Geist aus dir vertrieben hast. Soweit kommt man nur ohne Christus …«. Terzer organisierte im Widum immer wieder gemütliche Abende mit Schallplattenmusik. Im Jahr 1951 rief er in Latzfons eine eigene Feuerversicherung ins Leben, deren Kassier bis 2011 der schon erwähnte Lehrer Hans Schrott war. Ansonsten war Terzer aber ein strenger Pfarrer, der manchmal auch Watschen ausgeteilt hat. Als er 1970 als Pfarrer in den Ruhestand trat, wurde er »Kooperator« von Latzfons und half bis zwei Tage vor seinem Tode weiterhin in der Seelsorge aus. Er verstarb am 14. Dezember 1986 in der Marienklinik in Bozen und wurde am 18. Dezember in Latzfons begraben.

Polykarp Obkircher kam ins Gefängnis,
weil er gesagt haben soll, dass
in Deutschland unheilbar Kranke
ins Jenseits befördert werden.

P. Polykarp Obkircher: »In Deutschland herrscht eine Christenverfolgung.«

Ein entschiedener Gegner des Nationalsozialismus war auch P. Polykarp Obkircher. Jakob Obkircher wurde am 11. Februar 1889 in Prösels geboren. Bald nach seiner Geburt zogen die Eltern in die Gemeinde Karneid, wo sie den Raschnhof kauften. Dort kamen auch die weiteren Kinder zur Welt. Unter diesen befand sich auch Elisabeth, die 1915 in den Deutschen Orden eintrat und den Namen Regina erhielt. Seine Gymnasialstudien absolvierte Jakob Obkircher in Bozen. Im Jahr 1906 trat er in Lana in den Deutschen Orden ein und bekam den Namen Polykarp. Nach seinem Theologiestudium in Trient wurde er 1914 zum Priester geweiht. Als Kooperator wirkte er in St. Leonhard, Unterinn, Vöran, St. Pankraz, St. Walburg, Oberinn, Lana, Sarnthein und Lengmoos. Im Jahr 1939 wurde er

Pfarrer von Wangen am Ritten und blieb es bis 1967. Als nach dem Waffenstillstand vom 8. September 1943 Kanonikus Michael Gamper von den Nazis gesucht wurde, floh dieser zuerst nach Oberbozen und gelangte am 10. September 1943 nach Wangen, wo ihn Obkircher unter Lebensgefahr aufnahm und in seinem Pfarrhaus versteckte. P. Rudolf Johann Lantschner schreibt darüber: »Er (Gamper) bekam das Eckzimmer im ersten Stock an der Südseite mit Blick nach Bozen; heute noch heißt es das ›Gamperzimmer‹. Die Fensterläden blieben Tag und Nacht geschlossen und wurden abends mit Decken verdunkelt. Für den Fall einer Hausdurchsuchung war im Unterdach ein raffiniertes Versteck angelegt. Gamper zelebrierte im Zimmer und ging nie ins Freie, meist aß er im Zimmer. Einmal kamen Gendarmen, als Gamper gerade in der Küche war. Sofort flüchtete er in die Speisekammer. Die Häuserin lenkte die ›Besucher‹ durch eine reichliche ›Marende‹ ab, sodass sie keinen Verdacht mehr schöpften.« Am 30. Oktober flüchtete Gamper nach Padua und dann nach Florenz.

Am 17. April 1944 musste P. Polykarp ins Wehrkreiskommando nach Bozen und wurde dort verhört. Ein Mann der SS empfing ihn mit den Worten: »Sie sind jener Pfarrer, der immer auf der Kanzel politisiert!« Dann fragte er Obkircher, warum er für Italien optiert hätte und nicht dem Beispiel des Brixner Bischofs Johannes Geisler gefolgt sei. Anschließend zitierte er einen Satz aus einer Predigt Obkirchers: »So wie das Römische Reich untergegangen ist im Kampf gegen die katholische Kirche, so wird auch das Dritte Reich untergehen.« P. Polykarp bestritt jedoch, diese Behauptung je gemacht zu haben. Später stellte sich heraus, dass Leute aus Wangen und Unterinn ihn angezeigt hatten. Sie warfen dem Priester vor, zwei Personen zur Option für Italien mit den Worten überredet zu haben, in Deutschland herrsche eine Christenverfolgung und unheilbar Kranke würden ins Jenseits befördert. Obkircher musste anschließend 23 Tage im Gefängnis in Bozen verbringen, die, wie er sagte, für ihn die Hölle waren. Durch Vermittlung des Priors P. Magnus Hager wurde Obkircher nach Meran gebracht und am 2. Oktober nach Schlanders. Den Staatsanwälten Konrad Seiler und Franz Seifarth gelang es, den Prozess bis Kriegsende hinauszuziehen. In Schlanders ging es Obkircher nicht so schlecht, wenn er auch die Zelle mit fünf anderen Personen teilen musste. Am 1. Mai 1945 kam er frei. Ein Polizeibeamter verkündete den Häftlingen: »Sie sind frei! Gehen Sie in Ihre Heimat und helfen Sie uns, das Volk zu beruhigen«! Obkircher hielt sich zunächst im Konvent des Deutschen Ordens in Lana auf und am 13. Mai 1945 kam er wieder nach Wangen zurück, wo er von der Bevölkerung unter den Klängen der Musikkapelle und mit Glockengeläute empfangen wurde. Seine letzten sechs Lebensjahre verbrachte Obkircher im Altenheim Lengmoos, wo er am 12. Jänner 1974 verstarb.

Der schon zitierte P. Rudolf Johann Lantschner beendet seinen Beitrag über seinen Mitbruder Obkircher: »Da es 1945 einen sehr trockenen Sommer gab, fanden unter großer Beteiligung Kreuzgänge nach Maria Saal statt, um Regen zu erbitten und für das Ende des Krieges zu danken. Dieser Kreuzzug findet heute noch um Jakobi statt. Da junge Leute nicht mehr wissen, was es heißt, der Krieg ist aus, nehmen sie auch nicht daran teil. Man fragt sich: Muss immer Not herrschen, damit man betet?«

Josef Mayr-Nusser an seinem Grab in der Kapelle in Lichtenstern am Ritten. Gemälde von Gotthard Bonell

Josef Mayr-Nusser. »Ein Wächter und Mahner in unserer Zeit«

Der aus Bozen stammende Josef Mayr-Nusser wurde 1934 zum ersten Diözesanführer der männlichen katholischen Jugend im deutschen Anteil des Bistums Trient ernannt. Anlässlich der Option im Jahr 1939 entschied er sich für den Verbleib in der Heimat und trat der im November 1939 gegründeten Widerstandsbewegung »Andreas-Hofer-Bund« bei. Im September 1944 wurde Mayr-Nusser zur SS nach Konitz in Westpreußen eingezogen, obwohl dies dem geltenden Völkerrecht widersprach, da er als italienischer Staatsbürger nicht zum Kriegsdienst außerhalb des Landes hätte einberufen werden dürfen.

Am 4. Oktober 1944 verweigerte er aus religiösen Gründen den SS-Eid. Franz Treibenreif, ein Kommilitone von Mayr-Nusser

149

in Konitz, verfasste am 20. Februar 1946 ein Memorandum darüber. Darin heißt es: »Am 4. Oktober 1944 ließ der Spieß die Kompanie antreten und erklärte den Anwesenden mit schwungvoller Ansprache, was der Schwur für einen SS-Mann zu bedeuten hätte – eine Lehre, die gewiss von den meisten nicht besonders zu Herzen genommen wurde. Plötzlich, während des Unterrichtes, hob Josef die Hand auf und ersuchte den Spieß, dass er etwas sagen möchte; er erklärte darin dem Spieß mit kurzen, aber klaren Worten, dass er den Schwur nicht ablegen könne. Der Spieß war daraufhin sozusagen platt, holte aber dann den Kompaniechef, der den Josef befragte, warum er den Schwur nicht ablegen könne. Josef antwortete, er könne aus religiösen Gründen den Eid nicht ablegen. Der Kompaniechef frägt weiter: ›Also dann sind Sie kein hundertprozentiger Nationalsozialist?‹. Josef sagte ihm dann ganz trocken ins Gesicht: ›Nein, das bin ich auch keiner‹. Der Kompaniechef blieb ganz ruhig, forderte jedoch Josef auf, die ihm vorhin gemachte Äußerung schriftlich zu geben, was Josef auch sogleich tat. Die ganze Kompanie stand sozusagen wie gelähmt da, und nicht nur ich, sondern so mancher hatte das Gefühl im Herzen, dass sich nun Josef selbst das Todesurteil unterschrieben habe.«

Vor Kriegskameraden erklärte Mayr-Nusser: »Wenn nie jemand den Mut aufbringt, denen zu sagen, dass er mit ihren nationalsozialistischen Anschauungen nicht einverstanden ist, dann wird es nie anders.« Aufgrund dieser Verweigerung wurde Mayr-Nusser wegen »Wehrkraftzersetzung« in das SS-Gefängnis Danzig Matzkau gebracht. Auf dem Transport von dort nach Dachau starb er dann am 24. Februar 1945 in Erlangen infolge der erlittenen Entbehrungen. Im Jahr 1958 wurden seine Überreste nach Südtirol gebracht. Diese ruhen nun in der dem hl. Josef geweihten Kapelle in Lichtenstern am Ritten. Lange taten sich viele Südtiroler mit diesem Märtyrer des Glaubens schwer. Dazu schrieb der Jesuit Reinhold Iblacker, der Autor eines Buches und eines Filmes über Mayr-Nusser, im Jahr 1979: »Wenn nicht alles täuscht, haben die Südtiroler als Volksgruppe J. M.-N. noch nicht angenommen und bejaht … Die Südtiroler haben ihre Trauerarbeit nach dem Tod eines der Ihren nicht gut geleistet.« Der Sohn Mayr-Nussers, Albert Mayr, sagte im Jahr 2005: »Früher litt meine Mutter gelegentlich darunter, dass sich der Klerus so wenig um den Vater interessierte. Wenn wir auf unseren Ausflügen bei einem Pfarrer einkehrten und die Mutter erzählte, dann empfand sie sich oft als aufdringlich. Viele Pfarrer konnten nichts anfangen mit dem Menschen.« Bei einer Kurzumfrage unter Jugendlichen nach Mayr-Nusser im Jahr 2005 antwortete ein 15-jähriger Oberschüler des Realgymnasiums in Bozen: »Hat Mayr-Nusser nicht Seite an Seite mit Andreas Hofer gekämpft?«

Inzwischen hat sich diese Situation weitgehend geändert. Im Jahr 2007 wurde der Diözesane Seligsprechungsprozess für den SS-Eid-Verweigerer positiv abgeschlossen. Eine theologische und eine historische Kommission sowie das von Bischof Wilhelm Egger eingesetzte Gericht kamen nach Prüfung der Dokumente und Befragung von Zeugen zum Schluss, dass einer Seligsprechung Mayr-Nussers nichts im Wege stehe. Dieses Urteil mit allen gesammelten Akten wurde dann vom Bischof am 19. März 2007 offiziell an die zuständige Kongregation im Vatikan übermittelt. Am 26. Dezember 2010 hat Bischof Karl Golser das Mayr-Nusser-Jahr beendet und ein neues Buch des Postulators Josef Innerhofer mit allen Texten dieses Glaubenszeugen vorgestellt. »Josef Mayr-Nusser ist«, wie Bischof Manfred Scheuer von Innsbruck einmal sagte, »ein Wächter und Mahner in unserer Zeit, in der ethische Werte auf den Kopf gestellt sind.«

Pfarrer Josef Reifer kam ins Gefängnis, weil er für einen verstorbenen amerikanischen Soldaten ein Requiem halten wollte.

Verhaftungen der Pfarrer Kronbichler und Reifer

Am 14. September 1943 wurde der aus Reischach gebürtige Georg Kronbichler, Pfarrer in Albeins, verhaftet. Für seine Entlassung setzte sich Fürstbischof Johannes Geisler ein. Am 2. Oktober 1943 schrieb er dem Volksgruppenführer Peter Hofer einen Brief, in dem es heißt: »Bei unserer letzten Aussprache empfahl ich Ihnen auch die Angelegenheit des Herrn Pfarrers von Albeins, Georg Kronbichler, der aus mir unbekannten Gründen am 14. September verhaftet wurde. Da Sie mir damals Hoffnung machten, dass er in einigen Tagen frei werde, habe ich einen Umstand nicht erwähnt, der mich veranlasst, mich wieder an Sie zu wenden. Das Zimmer des Herrn Pfarrers Kronbichler wurde bei seiner Verhaftung von der Polizei versiegelt. Im Zimmer befinden sich nun auch die amtlichen

Pfarrbücher, die schon öfters gebraucht worden wären. Wenn die Möglichkeit nicht besteht, dass der Herr Pfarrer Kronbichler in nächster Zeit frei wird, müsste ich dringend bitten, dass wenigstens das Zimmer entsiegelt wird oder wenigstens die amtlichen Pfarrbücher dem Nachbarpfarrer in Sarns bei Brixen übergeben werden, da sie zu amtlichen Eintragungen und zur Ausstellung von Matrikenscheinen benötigt werden. Bei dieser Gelegenheit erlaube ich mir, meine damalige Bitte zu wiederholen, wenn es irgendwie möglich ist, den Herrn Pfarrer Kronbichler wieder in Freiheit zu setzen, besonders in Anbetracht des Umstandes, dass er schon 66 Jahre alt ist, schon vorher etwas kränklich war und, wie er an einen Verwandten schrieb, jetzt im Kerker wieder sein altes Magenleiden aufgetreten ist.« Da Pfarrer Kronbichler bereits am 8. Oktober 1943 frei kam, bedankte sich der Fürstbischof bei Peter Hofer für die Freilassung, »die nur auf Ihre gütige Intervention« erfolgt ist.

Ebenso kam auch der Niederdorfer Kooperator Walter Gilli ins Gefängnis. Ein besonders tragischer Fall ereignete sich in St. Jakob im Ahrntal, wo am 19. Dezember 1943 ein amerikanisches Flugzeug abstürzte. Dabei starben fünf amerikanische Soldaten, weitere fünf wurden gefangen genommen. Pfarrer Josef Reifer, der aus Papieren, welche die Soldaten mit sich trugen, entdeckte, dass sie katholisch waren, wollte am 14. Jänner 1944 für sie ein Requiem halten. Er wurde aber sofort denunziert und noch am 13. Jänner 1944 festgenommen und am 14. Jänner ins Gefängnis nach Bozen gebracht. Dort wurde er verurteilt und kam in Isolationshaft.

Am 20. Jänner 1944 schrieb Josef Prader, der in St. Jakob Kooperator war und auch für Deutschland optiert hatte, dem Generalvikar: »Nach der Verhaftung unseres H. H. Pfarrers sagte mir Dr. Emil Niederkofler, Kreislehrer und Oberwachtmeister dahier, dass diese Kranzniederlegung und auch ein Blumensträußchen, das schon früher auf dem Grabe der Amerikaner gesehen wurde, bei der Anklage des H. H. Pfarrers erschwerend wirken könnten, da es sogleich die kompetenten Stellen dahier erfragten … Da dieser Dr. Niederkofler eine Zeit lang mein Mitschüler im Vinzentinum war und wir mitsammen gut auskommen bat ich ihn, er möge sich für den H. H. Pfarrer einsetzen, da doch das ohne sein Wissen geschehen ist und auch die Verkündigung des Requiems lediglich Unklugheit und Unüberlegtheit von seiner Seite war. In wie weit er sich dann mit diesen Milderungsgründen einsetzt, weiß ich nicht.«

Prader schrieb dann weiter: »Mein Verhalten ist gegenwärtig nicht leicht, da die Leute sehr aufgeregt sind und wenn die Rede über diese Angelegenheit geht, antworte ich am besten mit Schweigen. Ich kann es auch nicht wagen in der Kirche zu sagen: ›Wir beten für unseren Herrn Pfarrer‹. Aber deswegen wird nicht weniger gebetet. Daher habe ich begonnen von 6 bis halb 7 Uhr vor der Frühmesse eine Kriegsandacht zu halten: Rosenkranz und Friedensgebet vor ausgesetztem Allerheiligsten. Der H. H Pfarrer ist sicher einverstanden, da gerade da die Leute auch für ihn beten werden und es selbst der Leute Wunsch ist, dass diese Andacht während der Kriegszeit gehalten werde. Es wird gut sein, dass ich vorläufig dableiben kann, weil ich die Verhältnisse kenne und mit beiden Parteien gut auskomme.« Pfarrer Reifer kam am 17. April 1944 frei. Er durfte aber erst nach dem Krieg in seine Pfarrei zurückkehren.

Das historische Herz-Jesu-Bild, das wegen der Bombengefahr in den Luftschutzkeller des Marieninternates in Bozen gebracht worden war. Dort fand 1944 eine bescheidene Bundeserneuerung statt.

Hans Egarter und die bescheidene Bundeserneuerung im Jahr 1944

Zu den entschiedenen Gegnern des Nationalsozialismus zählte Hans Egarter. Er wurde am 20. April 1909 am Stundhof in Niederdorf geboren. Egarter wollte Priester werden, eine Krankheit verhinderte jedoch dieses Vorhaben. So arbeitete er als Mesner, Vertreter und Verkäufer. Als Mesner trug er weiße Stutzen und wurde deshalb von den Faschisten verprügelt. Schon früh kam er mit der katholischen Jugendbewegung in Kontakt und lernte Josef Mayr-Nusser und Josef Ferrari kennen, die großen Einfluss auf ihn ausübten, so dass er zum erbitterten Gegner des Nationalsozialismus wurde. Im Optionsjahr 1939 war er maßgeblich an der Gründung des »Andreas-Hofer-Bundes« (HB) beteiligt, in dem sich die »Dableiber« um Kanonikus Michael Gamper sammelten.

Dem Andreas-Hofer-Bund gehörten ebenso Dekan Georg Pircher und Kooperator Franz Innerhofer in Passeier an.

Als der Nationalsozialismus auch unser Land beherrschte und der Glaube besonders gefährdet schien, traten zu Beginn des Jahres 1944 Egarter und einige seiner Freunde an die Geistlichkeit mit der Bitte heran, das alte Herz-Jesu-Gelübde zu erneuern. Dekane und Ordensvorsteher berieten sich eingehend und fassten folgende Beschlüsse: »1. Alle, die sich zum Herz-Jesu-Bund der Väter bekennen, verpflichten sich durch ein feierliches Gelübde, der Heimat nach christlichen Grundsätzen zu dienen und damit in unserem Volk eine religiöse Erneuerung im Geiste des Bundes und Andreas Hofers zu wecken. 2. Als äußeres Zeichen des Dankes für den Schutz, den das heiligste Herz Jesu dem Volke bisher gewährt und den es auch für einen günstigen Ausgang des Krieges für seine Heimat erbittet, die Restaurierung der Bozner Pfarrkirche zu einem Bundesdenkmal vorzunehmen. 3. Als lebendiges Denkmal die Errichtung eines Waisenhauses oder Heimes für die ärmsten Kinder unseres Volkes zu erstreben.«

Die Bundeserneuerung sollte nach dem Vorschlag von Propst Josef Kalser von Bozen am 6. Februar 1944 stattfinden. Vertreter aller Teile des Landes wurden eingeladen. Da das historische Herz-Jesu-Bild wegen der Bombengefahr in den Luftschutzkeller des Marieninternates in Bozen in Sicherheit gebracht worden war, fand die Feier dort statt. Während im Jahr 1796 das Gelöbnis vom Landtag in aller Öffentlichkeit und mit viel Pomp abgelegt worden war, schworen 1944 wenige Getreue in einem Keller dem Herzen Jesu die Treue. Das war bezeichnend für die Situation. Am Vormittag versammelten sich Vertreter der Geistlichkeit sowie einzelner Bezirke des Landes vor dem mit Blumen und Kerzen geschmückten Bild. Anschließend begann Propst Kalser mit der Messe. Nach dem Evangelium hielt er eine Ansprache, in der er die Bedeutung und den Sinn der Feier den Anwesenden erklärte. Im Anschluss an die Messe wurde das Gelöbnis erneuert, das feierliche Gelübde abgelegt und das Bundeslied gesungen. Hans Egarter verfasste für diese Feier ein Gebet, dessen dritte Strophe lautet: »O Herr! Gedenk in dieser schweren Stunde / Nicht der Vergehen, nicht der Sündenschuld; / Schließ ein das Volk in Deine Herzenswunde, / Laß Gnade walten, schenk ihm Deine Huld! / Schenk ihm den Frieden und des Landes Einheit, / Vernicht den Haß, der heut ihm innewohnt, / Sorg Du, o Herr, daß im Triumph der Reinheit / Nur Deines Herzens ew'ge Liebe thront!«

Nach dem Krieg gehörte Egarter zu den Gründungsmitgliedern der Südtiroler Volkspartei. Aber bald machte er sich unbeliebt, als er in Zeitungsartikeln frühere Nazis angriff. So schrieb er im »Volksboten« vom 22. November 1945: »Wie es grundfalsch und einseitig ist, die Südtiroler in Bausch und Bogen als Nazi zu bezeichnen, so ist es ebenso falsch, allen Südtirolern die Generalabsolution zu geben und sie als die unschuldigen Lämmer der Welt hinzustellen. Ein ziemlicher Prozentsatz der Handlanger beider Diktatoren in der Optionssache waren Südtiroler, die das Opfer zur Schlachtbank zerrten durch ihre Lügenpropaganda und Gewaltmethoden, und wenn diese heute die Hörner auch abgestreift haben, so sind es noch lange keine Lämmer geworden, sondern sie sind auch heute noch das, was sie waren – Nazi!«. Egarter wurde nun als amerikanischer Agent, als Volksverräter und Denunziant beschimpft. Als er am 20. Juni 1966 vergessen, verbittert und in materieller Not in Brixen starb, bestätigte ihm die »Dolomiten« in einem Nachruf Frömmigkeit, Wahrheitsliebe, Gerechtigkeitsgefühl und Heimatliebe. Im Jahr 2009 brachte der Verein »Heimat Brixen« am Grabmal Egarters eine Gedenktafel an mit dem Aufruf: »Üben wir uns im dagegen Denken!«

Der Gauleiter Franz Hofer im Jahr 1941 in Innsbruck. Er war von 1943 bis 1945 auch Oberster Kommissar der »Operationszone Alpenvorland«.

Der Nationalsozialismus und die Diözese Brixen

Mit Franz Hofer, dem Obersten Kommissar der »Operationszone Alpenvorland«, gelang dem Brixner Bischof Geisler und vor allem seinem Generalvikar Pompanin, der zwischen Nationalsozialismus und Christentum nicht unbedingt einen unversöhnlichen Widerspruch sah, eine tragbare, wenn auch nicht konfliktlose Zusammenarbeit, die allerdings auf dem Boden der vorausgegangenen ethnischen Auseinandersetzungen mit dem Faschismus gesehen werden muss. Gleich nach der Nominierung des Tiroler Gauleiters Franz Hofer zum Obersten Kommissar der »Operationszone Alpenvorland« erfolgte zwischen ihm und dem Bischof eine Aussprache, zu der auch Generalvikar Pompanin zugezogen wurde. Diese Unterredung verlief in aller Offenheit und bildete dann in der Folgezeit die Grundlage für die Beziehungen zwischen der Brixner Kurie und den neuen Machthabern. Bereits am 7. Oktober 1943 erließ der Fürstbischof ein Rundschreiben an den Klerus, in dem er diesem angesichts der geänderten politischen Lage einige »Verhaltungsmaßnahmen« gab. Dabei betonte er vor allem »sich jeder Äußerung über die geschaffene politische Lage und über den Ausgang des Krieges zu enthalten«. Weiters unterstrich der Oberhirte das Verbot, »im Radio die Feindpropaganda abzuhorchen, und noch mehr, dieselbe weiterzuverbreiten … Mit den führenden Stellen seines Ortes soll er (der Klerus) ein gutes Einvernehmen pflegen«.

Geisler lag das Knabenseminar Vinzentinum besonders am Herzen. Am 8. Dezember 1942 nahm das italienische Heer das Haus in Beschlag, um es in ein Militärlazarett umzuwandeln. Während der Weihnachtsferien wurde der Schulbetrieb verlegt: Die Kurse 1 bis 4 kamen ins Kassianeum und die Klassen 5 bis 8 in die Villa Reinegg in der Mahr. Professoren, Verwaltung und Küche konnten aber weiterhin im Vinzentinum bleiben. Weil die deutsche Schulbehörde den Schulbetrieb im September 1943 verboten hatte, legte der Bischof in einem Schreiben vom 24. September dem Volksgruppenführer Peter Hofer die Bedeutung des Vinzentinums für die Diözese dar. Auch wenn, so der Bischof, der größte Teil der Professoren sich nicht hatte entschließen können, für Deutschland zu optieren, so seien gemäß seiner Anweisung anschließend Optanten und Nichtoptanten gleich behandelt worden. Nach dem erfolgten Umschwung habe der Direktor dem Bischof erklärt, dass er das Haus im deutschen Sinne leiten werde. Hilfe und Unterstützung fand Geisler bei Franz Hofer für die Rückführung der Adlerkasel aus Rom, wo diese sachgemäß restauriert worden war. Probleme zwischen der Brixner Kurie und den nationalsozialistischen Behörden ergaben sich wegen der Anmeldepflicht von Veranstaltungen, die auch die Priesterkonferenzen, Exerzitien und Prozessionen einschlossen. Kein Entgegenkommen zeigte die Behörde für die Wiedereröffnung des Knabenseminars. In einer Eingabe an den Obersten Kommissar im Dezember 1943 bat der Oberhirte, es nach den Weihnachtsferien wiedereröffnen zu können. Dabei erklärte er sich bereit, seine ganze Autorität einzusetzen, damit »die Erziehung im Geiste des großdeutschen Reiches« erfolge.

Nachdem der »Volksbote« und das »Katholische Sonntagsblatt« auf Druck der deutschen Dienststellen von den italienischen Behörden schon 1941 und die »Dolomiten« 1943 direkt von den deutschen Behörden verboten worden waren, dachte Geisler an die Herausgabe eines Kirchenblattes für die ganze Provinz. In einer entsprechenden Eingabe vom 27. Dezember 1943 erklärte er sich bereit, als verantwortlichen Redakteur einen Optantenpriester zu berufen, der eine sichere Gewähr für eine loyale Haltung des Blattes geben würde. Noch vor Jahresende erstellte Pompanin ein Promemoria, das er dem neuen Präfekten der Provinz Bozen, Rechtsanwalt Tinzl, übergab und in dem er die anstehenden Probleme mit den national-sozialistischen Behörden aufzählte. In dieser Liste rangierte an erster Stelle die Wiedereröffnung des Vinzentinums. Punkt zwei betraf die Wiedereinführung des Religionsunterrichtes in den Volksschulen. Punkt drei beschäftigte sich mit der Herausgabe des Kirchenblattes. Punkt vier betraf die Priester Posch und Ferrari. Punkt fünf beschäftigte sich mit der Zuteilung von Hostienmehl und Olivenöl für die Weihe der Öle. Bei Punkt sechs ging es um den Kassianskalender, dessen Beschlagnahme beim Volk vielfach Unmut hervorgerufen hatte. Punkt sieben betraf die Kongrua (Lebensunterhalt) des Klerus und der letzte Punkt behandelte Geldfragen des Generalvikars und des Bischofssekretärs Untergasser.

Da die obengenannten Probleme weitgehend ungelöst blieben, überreichte Pompanin kurz vor Ostern 1944 Tinzl wieder eine Problemliste, auf der ganz oben ebenfalls die Wiedereröffnung des Knabenseminars stand. Punkt zwei betraf das Kirchenblatt, Punkt drei den Religionsunterricht in den staatlichen Oberschulen, Punkt vier den Religionsunterricht in den Volksschulen, Punkt fünf die Kongrua des Klerus und Punkt sechs die Abhaltung von geistlichen Veranstaltungen. Da die Zuteilung von Hostienmehl und Olivenöl nicht mehr aufscheint, muss man annehmen, dass diese Frage positiv erledigt worden ist. Im Jahr 1944 genehmigte Franz Hofer auch die Nachzahlungen der von der italienischen Regierung früher eingestellten staatlichen Gehälter für Fürstbischof Geisler, Pompanin und Untergasser.

Generalvikar Alois Pompanin trug im Jahr 1943 wesentlich dazu bei, dass die berühmte Adlerkasel von Rom wieder nach Brixen kam.

Die Adlerkasel und der Oberste Kommissar Franz Hofer

Unter den Beständen des Brixner Domschatzes befindet sich die weltberühmte Adlerkasel, die schon im Inventar der Brixner Dom-sakristei von 1550 erwähnt wird und den Namen des hl. Albuin trägt. Die nahe Beziehung Albuins zu König Heinrich II. lässt ver-muten, dass der aus purpurroter Seide mit schwarz eingewebten Adlern bestehende Mantel ein Geschenk des Königs ist. Es ist bezeugt, dass sich Bischof Albuin im Gefolge Heinrichs II. befand, als dieser nach dem Tode von Otto III. zur Krönung nach Mainz zog. Es ist durchaus möglich, dass dem Bischof Albuin bei der Krönung Heinrichs II. die Adlerkasel geschenkt worden ist. Dem Umstand, dass die Adlerkasel als Reliquie des hl. Albuin im Dom verehrt wurde, verdanken wir ihr Überleben. Im Jahr 1929 kam an das Brixner Domkapitel eine Anfrage aus London und 1931 eine aus Paris mit der Bitte um die Ausleihe der Albuinkasel für eine Ausstellung. Beide Male lehnte das Domkapitel ab. Als dann 1937 das zuständige italienische Ministerium die Kasel für die Ausstellung »Mostra del Tessile Nazionale« haben wollte, konnte das Domkapitel nicht mehr nein sagen. So wanderte das kostbare Stück noch in jenem Jahr in die Ewige Stadt und wurde wegen des schlechten Zustandes in den Werkstätten des Vatikans 1939 auch restauriert.

Auf ganz abenteuerliche Weise gelang es dem damaligen Kapitelnotar Cletus Alverà, das altehrwürdige Kunstwerk trotz der widrigen Zeitumstände am 2. Dezember 1943 unversehrt wieder nach Brixen zurückzubringen. Wie es zu diesem waghalsigen Unternehmen kam, schildert Alverà selbst in einer humorvollen Weise: »Als ich Protokollführer des Domkapitels in Brixen war, ging es bei den Kapitelsitzungen gewöhnlich um Verwaltungsangelegenheiten, bis plötzlich eine ganz heikle Angelegenheit auf der Tagesordnung stand. Es handelte sich um die so genannte Albuinkasel ... Der berüchtigte Gauleiter Franz Hofer stellte an das Kapitel das Ansinnen, die Kasel unbedingt aus dem Vatikan zu holen und heraufzubringen. Die SS würde ein Polizeiauto zur Verfügung stellen, mit eingebautem Koffer und Verschluss; einen Schlüssel bekäme der Unteroffizier, der den Wagen niemals verlassen dürfe, und den anderen der vom Kapitel Beauftragte. Dieser Herr würde daheim abgeholt und in acht Tagen wieder zu Hause sein. Alle Kapitulare waren dagegen bis auf einen, den allgewaltigen Generalvikar Dr. Pompanin, der auch ein ganz begeisterter Optant war. Nach endlosen Debatten entschied er: ›Entweder wir holen sie, sonst machen es die anderen‹. Die Herren gaben nach. Msgr. Mang, Domdekan, fragte mich, ob ich Lust und Schneid hätte hinunterzufahren. Meine Antwort: ›Lust keine, Schneid genug‹. Dann sagte er: ›Du wirst mit den nötigen Papieren versehen, fährst in Zivil, nimmst den Talar im Koffer mit; bereite dich gleich vor, sie können schon heute kommen‹«.

Schon die Fahrt nach Rom gestaltete sich überaus schwierig. In der Ewigen Stadt war es dann beinahe ein Ding der Unmöglichkeit an die Adlerkasel zu gelangen. Schließlich wurde Alverà vom Prälaten Ludwig Kaas empfangen, der seit 1934 Sekretär des Kardinalskollegiums, seit 1936 Verwalter des Petersdoms war und über enge Beziehungen zu Papst Pius XII. verfügte. Er erklärte dem Prälaten den Grund seiner Romfahrt und bat, die Kasel möglichst bald zu bekommen. Alverà selbst erzählt: »Der Prälat wird sehr energisch: ›Was fällt diesem Menschen ein, er soll den Dienstweg gehen wie alle anderen, übrigens sind sie verrückt in Brixen oben? In zwei Monaten sind die Alliierten dort und werden alles zusammenschlagen, und Sie wollen diese kostbare Sache hinaufnehmen! Wir werden sie nicht herausgeben‹. Ich antwortete: ›Ob sie oben verrückt sind, weiß ich nicht, und wenn ich die Kasel nicht bekomme, erweist man mir den größten Gefallen; bin nur aus Gehorsam hier.‹ Er fährt fort: ›Ich muss eine Kardinalssitzung einberufen; gehen Sie inzwischen jeden Tag zum Direktor der Vatikanischen Museen, Comm. Nogara, der Ihnen unsere Entscheidungen mitteilen wird.‹« Da sich in Rom alles in die Länge zog, verließen das Polizeiauto und die Begleitung die Ewige Stadt und Alverà stand nun alleine da.

In einer abenteuerlichen Fahrt brachte der Kapitelnotar Cleto Alverà die Adlerkasel von Rom nach Brixen.

Alveràs Audienz beim Papst und die Freigabe der Adlerkasel

Nachdem das Polizeiauto samt Begleitung, mit dem Alverà nach Rom gelangt war, wieder die Ewige Stadt verlassen hatte, stand Alverà also ganz alleine da und musste schauen, wie er zur Adlerkasel kam. In dieser Zeit gelang es ihm, sogar eine Privataudienz beim Heiligen Vater zu erreichen und dann die Adlerkasel zu bekommen. Er selbst erzählt: »Nehme mit Comm. Nogara (dem Direktor der Vatikanischen Museen) Telefonverbindung auf und ab Montag bin ich jeden Tag bei ihm, seine zarte Frau braut mir täglich den besten Kaffee und ich fühle mich bei ihnen so wohl als wäre ich zu Haus. Von der Kardinalskonferenz hören wir noch immer nichts. Am Mittwoch sag' ich: ›Commendatore, jetzt komm' ich mit einem Unsinn! Bin schon so lange im Haus des Papstes und hab' ihn noch nie zu Gesicht bekommen‹. Er: ›Wir können ja versuchen‹, und telefoniert, wir müssen ziemlich lang warten, dann kommt die Antwort: Morgen um 10 Uhr. ›Sehen Sie‹, sagt der gute Herr und freut sich mit mir ganz aufrichtig.

Schlafe die ganze Nacht nicht vor Aufregung, beim Camerlengo muss ich mich ausweisen, rede vom Papst; er sagt: ›Sagen Sie oben überall, er wird den Vatikan freiwillig niemals verlassen.‹ Dann zur Audienz: ein Offizier in Gala empfängt uns, geht vor uns her mit gezogenem Säbel, Wachposten präsentieren das Gewehr auf dem Weg zum kleinen Thronsaal, ich fühle mich wie ein Feldmarschall und plötzlich knie ich vor dem Papst ganz allein. Er merkt, dass ich mich nicht wohl fühle – hab' Sorge, die Prothese könnte mir herausfallen beim starken Hinaufschauen – (als Leutnant verlor er an der Kriegsfront am Monte Piana ein Auge, deshalb trug er eine Prothese). Er fasst meine Hände und zieht mich empor und Hand in Hand sag ich ihm von unserer großen Not im Lande, in der Diözese wegen der Spaltung im Volk und Klerus. Er zeigt sich genau unterrichtet, spricht mir Mut zu und am Schluss sagt er: ›Jetzt gebe ich Ihnen einen ganz großen Segen mit hinauf‹, er segnet wie er nur konnte, und mir rinnen die Tränen nur so herab. Während der ganzen Unterredung war kein italienisches Wort gefallen und der Papst ermahnte immer wieder zum fleißigen Gebet, dann würde alles gut enden.

Nachmittag bin ich in Hochstimmung wieder beim guten Herrn Nogara und erzähle ihm alles von der Audienz, dann schrillt das Telefon und er kommt mit der Nachricht, die Kasel sei freigegeben worden, Transport nur per Flugzeug oder Auto möglich. Ich lauf zum deutschen Kommando und bitte um ein Flugzeug. Der Herr schaut mich an, als ob er fürchtete, es sei bei mir im Oberstock nicht alles in Ordnung. ›Was reden Sie von Flugzeugen, wir haben nicht einmal Benzin‹. Zurück in den Vatikan. Herr Nogara schreibt etwas auf eine größere Visitenkarte, gibt sie mir, sagt: ›Gehen Sie zur Stadtkommandatur und geben Sie diese Karte dem Herrn Rittmeister von XY, hab' ihm Gefälligkeiten erwiesen, der wird Ihnen sicher behilflich sein.‹

Bei der Kommandatur: die Wache will mich nicht vorlassen. Mit einer abweisenden Handbewegung lass ich den Mann stehen und steig' die breite Marmortreppe hinan, im langen Korridor steht Tür an Tür mit Namenschild. Der Name des Rittmeisters ist nicht dabei. Auf dem anderen Gang finde ich ihn, höre drinnen reden, warte; die Tür öffnet sich, ein Zivilist wird herausbegleitet, ich will hinein, der Offizier redet mich französisch an, ich sage ganz laut: ›Verstehen Sie nicht deutsch?‹ Er: ›Wenn Sie von mir was haben wollen, müssen Sie zu meiner Sekretärin hinübergehen.‹ Das Fräulein ist gleich bereit die Karte zu übergeben; sie holt mich, er empfängt mich an der Tür mit einer großen Verneigung (ich denke mir, jetzt geht die Uhr richtig), führt mich hinein und ich bringe mein Anliegen vor. Er versichert mir, sein möglichstes zu tun, am Abend sei eine Zusammenkunft mit dem Botschafter vorgesehen, der Sonntag einen großen Lastwagen mit Inventar nach Gardone schickt, er wird mich bestimmt mitfahren lassen, und morgen will er den Herrn Commendatore anrufen und Bescheid sagen; dann entlässt er mich mit ausgesuchter Liebenswürdigkeit.«

Die berühmte Adlerkasel, die Kapitelnotar Cleto Alverà am 3. Dezember 1943
wieder in die Brixner Hofburg zurückbrachte

Die Übergabe der Adlerkasel
und die Rückführung nach Brixen

Die Adlerkasel wurde in den Kellerräumen der Vatikanischen
Museen sorgfältig verpackt und Alverà übergeben. Er selbst erinnert
sich: »Vormittag führt mich Herr Nogara durch die Vatikanischen
Museen, die geschlossen sind, dann fahren wir in einem großen
Lift in die tief unten gelegenen, ungeheuer weiten, gewölbten,
auffallend gepflegten Kellerräume. Die Kasel ist in der Kiste, die
numerierten Teile der renovierten Kasel werden draufgegeben, alles
wird fotografiert, ich gebe meine Unterschrift unter das Übergabe-
dokument, die Kiste wird zugeschraubt, versiegelt und ist so mir
anvertraut. Nogara sagt, ich möge mich beeilen, um Mittag schließen die Arbeiter bis Montag. Ich fahre mit dem Lift hinauf, gehe
hinaus, such' einen Fiaker, der will aber nicht; ich verwünsche

die Wortbrüchigen in Brixen und weiter nördlich, fühle mich so einsam und elend in dieser nach Befreiung fiebernden Großstadt und bete: ›Herrgott, so hilf mir doch!‹ Da sehe ich weiter unten eine Werkstatt, laufe hin und bitte: ›Um Gottes willen, geben Sie mir einen Mann, der mir mit einer Karre eine nicht schwere Kiste nach S. Giovanni bringen kann. Ich bezahle gerne was Sie verlangen.‹ Gebe 200 Lire, Mann und Karren sind da, ich gehe hinauf zum Tor, die Leute warten dort, befestigen die Kiste auf dem Karren, der Mann zündet sich eine Toscana an und barfuss schiebt er den Wagen durch die dicht belebten Straßen …

Von der Botschaft fahren wir erst um 9 Uhr ab. Um 11 Uhr erreichen wir die Milviobrücke und fahren die Via Flaminia hinauf an Terni und Perugia vorbei bis Città di Castello. Man hatte mir schon vor der Abfahrt hinter der Fahrerkabine einen Thron bereitet, einen Notstuhl, aus Kistenholz zusammengenagelt; an meiner Seite aber hatte ich die Kiste, meinen Schatz, an die Wand gelehnt, und spielte tapfer den Wachfeldwebel!« So gelangte Alverà nach weiteren Abenteuern nach Bozen und schließlich mit dem Zug nach Brixen, wo er den kostbaren Schatz in der Hofburg abgab. Er schreibt dazu: »In Brixen tragen zwei SOD-Männer die Kiste zur Hofburg, ich ziehe am Glockenstrang mit aller Kraft, Casari (Kammerdiener des Fürstbischofs Geisler) kommt ganz erregt heraus, ich frage, ob sie noch auf sind, er bejaht es. Während wir die ›Leiche‹ in die Hölle tragen (Schutzraum), hat er uns oben gemeldet; wir gehen hinauf, der Bischof ist sehr aufgeräumt und um 2 Uhr früh gehe ich heim, wo mich die Schwester heulend empfängt. Sie wussten ja nichts von mir seit dem 13. November und nun ist der 3. Dezember. Die Überprüfung der Kiste fiel über alles Erwarten gut aus, es fehlte gar nichts am Inhalt, alles in bester Ordnung. Dr. Ringler (Josef Ringler war ein bedeutender

Kunsthistoriker) sagt, man soll sie irgendwo sicher horten, er werde berichten, dass sie nach Brixen gebracht wurde. – Mir hatte er im Vertrauen gesagt, die Kasel sei als Krönungsmantel Hitlers für die Siegesfeier in Berlin bestimmt.

Etwas später rief man mich an die Burg zur Berichterstattung. Wie ich mich darauf freute! Fing an, über die wortbrüchige Bande zu schimpfen, wiederholte wortwörtlich, was Prälat Kaas gesagt, ob sie in Brixen oben verrückt seien – Bischof und Generalvikar sahen sich wortlos in die Augen! –, erzählte von der Papstaudienz, der Generalvikar meinte, ich hätte mich versprochen, es sei doch nur eine allgemeine Audienz gewesen. ›Nein, nein, mein Lieber‹, sagte ich, ›ganz privat mit großem Zeremoniell im kleinen Thronsaal‹ – und wiederum schauten sich die zwei Herrn an und sagten nichts – … Das Domkapitel gab mir zur Anerkennung einen Tausender. Ich bilde mir aber jetzt noch ein, ein anderer hätte höchstwahrscheinlich versagt, und ich freue mich vor allem, dass die Casula nicht in Berlin ist, sondern in Brixen die Zierde unseres berühmten Diözesanmuseums bildet. Möge sie noch Jahrhunderte überleben!«

Mit Schreiben vom 4. Dezember 1943 bedankte sich Fürstbischof Johannes Geisler beim Obersten Kommissar für die Operationszone Alpenvorland für die gewährte Hilfe bei der Rückführung der Albuinkasel. Wörtlich schrieb er: »Am 2. ds. wurde mir von meinem Beauftragten die Albuinkasula wohlbehalten überbracht, die derselbe aus Rom abgeholt hatte, wo sie seinerzeit nach der sachgemäßen Restaurierung in Verwahrung gegeben worden war. Die Überbringung dieses in seiner Art in der ganzen Welt einzig dastehenden Kunstwerkes, wohl das kostbarste Stück des Brixener Domschatzes, konnte trotz der gegenwärtigen sehr schwierigen Verkehrsverhältnisse dank der von Ihnen gewährten Hilfe glücklich durchgeführt werden. Ich halte es deswegen für meine Pflicht, Ihnen zugleich mit dieser Mitteilung auch meinen aufrichtigsten Dank auszusprechen, da es nur zufolge des verständnisvollen Interesses, das Sie für die Sicherung dieses einzig kostbaren Stückes zeigten, und der von Ihnen gewährten Hilfe möglich wurde, die Überbringung der Kasula von Rom nach Brixen durchzuführen.«

Der Dekan von Bruneck Josef
Padöller, Karl Wolfsgruber
und Oswald Salcher (v.l.).
Padöller hätte im Jahr
1944 den Religionsunter-
richt in der Volkschule der
Pfarrschule vorgezogen.

Religionsunterricht in der
Schule oder Pfarrunterricht

Im Jahr 1944 genehmigte Franz Hofer die Nachzahlung der von der
italienischen Regierung früher eingestellten staatlichen Gehälter
für Fürstbischof Geisler, Pompanin und Untergasser. Viele andere
Fragen blieben aber offen, wie ein Entwurf für ein neues Promemoria zeigt, das Pompanin am 27. April 1944 verfasste und in
dem an Problemfragen an erster Stelle der Religionsunterricht an
den Volksschulen stand, an zweiter der Religionsunterricht an den
Oberschulen, an dritter die Wiedereröffnung des Vinzentinums, an
vierter die Herausgabe des Kirchenblattes, an fünfter die Kongrua
des Klerus, an sechster die Freigabe des Kassiankalenders und
an siebter die Anmeldung kirchlicher Veranstaltungen. Am 25. Juli
1944 erließ Franz Hofer folgende Verordnung: »Mit Beginn des

verflossenen Schuljahres wurde die Zulassung des Konfessionsunter-
richtes in den Schulen zugesichert, wenn der Pfarrschulunterricht
eingestellt wird. Die kirchlichen Stellen hatten während des ganzen
Schuljahres die Möglichkeit, den Konfessionsunterricht in den Schulen aufzunehmen. Nur vereinzelt wurde davon Gebrauch gemacht.
Der Pfarrschulunterricht wurde nicht eingestellt. Damit haben die
kirchlichen Stellen auf den Konfessionsunterricht in den Schulen
verzichtet und sich für den Pfarrunterricht entschieden. Dement-
sprechend wird angeordnet, dass die Einrichtung des Konfessions-
unterrichtes im nächsten Schuljahr nicht mehr vorzusehen ist.« Der
Dekan von Bruneck Josef Padöller, der ein enger Freund Pompanins
war und auch für Deutschland optiert hatte, war mit dieser Lösung
nicht glücklich.

Am 10. September 1944 schrieb er dem Ordinariat: »Also
wir standen vor der Alternative: Pfarrschule und Volksschule und
entschieden uns für die Pfarrschule. Wir werden dieses Sieges
nicht froh werden. Schon für das laufende Schuljahr sehe ich
nichts Gutes voraus, weil jetzt alle Kinder vom 10. Lebensjahre in
der HJ sind und daher auch außerhalb der Schulzeit öfters bean-
sprucht werden. Von der Jugendführung haben wir kein Entgegenkommen zu erwarten … Wie ich im letzten Augenblick erfahre, ist
in Bruneck mit dem Geistlichen auch das christliche Schulgebet
(Kreuzzeichen, Vater unser) und das Kruzifix verschwunden! Am
14. Oktober 1943 habe ich geschrieben: Noch ist das Kreuz und
das Schulgebet in der Schule; wenn nicht der Geistliche auch
hineinkommt, wird bald Alles Christliche verschwinden! … Factum
est ita.« Dem Kreisleiter Robert Bernardi schrieb er im Herbst 1944
auf die nicht leichte Situation des Klerus zur Zeit des Faschismus
Bezug nehmend: »15 Jahre lang ist in Deutschsüdtirol kein Priester in die Schule gegangen und hat der Klerus die Schule aus

völkischen Gründen abgelehnt, aber das Kreuz wurde doch nicht angerührt. Dieser traurige Ruhm blieb unserer deutschen Ära vorbehalten. Wie sind unsere Erwartungen doch enttäuscht worden!«

Das Brixner Diözesanblatt, das im November 1944 herauskam, gab dem Klerus folgende Weisung: »Nach längeren Verhandlungen mit dem Obersten Kommissar für die ›Operationszone Alpenvorland‹ wurde im gemeinsamen Einverständnis die Beibehaltung der Pfarrschule für alle Seelsorgen vereinbart. Die Pfarrschule kann und soll wie bisher weitergeführt werden. Die Schulbehörde nimmt keinen Einfluss darauf. Sie kann nicht nur in den Kirchen, sondern auch im Widum und in eigenen Pfarrschullokalen, aber auch in Räumlichkeiten, die von Privaten zur Verfügung gestellt wurden, gehalten werden. Ausgeschlossen sind nur die Amtsgebäude. Auch bezüglich der Zeit gibt es keine Einschränkungen außer der Rücksicht auf die Volksschule und den HJ-Dienst … Wenn sich Schwierigkeiten in Hinsicht auf den Stundenplan ergeben sollten, wolle dem Ordinariat Bericht erstattet werden.

Bei dieser Gelegenheit werden nochmals alle Seelsorger gebeten, in der Pfarrschule nur die Religion zu lehren und alles zu vermeiden, was Konflikte mit der staatlichen Behörde heraufbeschwören könnte. Aber auch außerhalb der Pfarrschule, auf der Kanzel und im Gespräch soll der Klerus eine durchaus loyale Haltung einnehmen und alles meiden, was als gegen Deutschland und den Endsieg gerichtet ausgelegt werden könnte. Wenn einer glaubt, dem Gewissen verpflichtet zu sein, etwas zu sagen, was einen Konflikt verursachen könnte, soll er die Angelegenheit zuerst dem Ordinariat vorlegen und die Antwort abwarten.« In einem Schreiben vom 27. November 1944 an Franz Hofer begründete der Fürstbischof seine Entscheidung für den Pfarrunterricht und unterschrieb mit »Heil Hitler«.

Die Brixner Altstadt mit dem Turm der Pfarrkirche. Als im Jahr 1944 die Brixner Pfarrkirche für die Lagerung von Getreide vorgesehen war, gelang es Generalvikar Alois Pompanin dies abzuwenden.

Lagerung von Getreide in Kirchen

Am 13. November 1944 richtete Herr von Putzer vom Wirtschafts-amt des Obersten Kommissars für die Operationszone Alpenvorland in Bozen an Generalvikar Pompanin ein Schreiben, mit welchem acht Kirchen im Kreis Bruneck für die Lagerung von Getreide in Aussicht genommen wurden. Pompanin wurde gebeten, diese Gotteshäuser freizugeben. Der Brief endete mit den Worten: »Ich bin bemüht, Ihnen in diesen Tagen auch die Liste der … Kirchen im Kreise Brixen zukommen zu lassen. Für eine baldige Erledigung und Benachrichtigung in dieser Angelegenheit wäre ich Ihnen sehr dankbar, besonders, da eben heute wieder über 100 Waggon Getreide im Kreis Bruneck angerollt sind.«

Bereits am nächsten Tag antwortete Pompanin Herrn von Put-zer, dass das Ordinariat sofort die Spitalkirche und die Rainkirche in Bruneck sowie die Magdalenenkirche in Niederdorf für die Lagerung von Getreide freigibt. Das Ordinariat habe die beiden Pfarrherren mit Datum vom 14. November 1944 schon benachrichtigt. Für die anderen Kirchen wollte das Ordinariat zunächst die Meinung der zuständigen Seelsorger hören und sobald als möglich der Behörde des Obersten Kommissars Bericht erstatten. In der Tat hatte sich der Generalvikar bereits am 14. November 1944 an die Pfarrämter von Bruneck und Niederdorf gewandt und ihnen wörtlich mitgeteilt: »Da sämtliche andere Einlagerungsräume schon irgendwie belegt sind, der Zweck ein charitativer ist und im Konkordate Artikel 9 eine Überlassung von Kirchen aus schwerer Notlage vorgesehen ist, ist das Ordinariat diesem Ersuchen entgegengekommen ... Es soll das Allerheiligste konsumiert werden, alle bewegliche Einrichtung aus der Kirche entfernt werden. Wenn fixe Altäre vorhanden sind, sollen die Altarplatten mit Brettern zugedeckt werden, damit sie nicht beschädigt werden. Es wird bemerkt, dass die Kirche durch Einlagerung von Getreide nicht profaniert wird, sodass nach Freistellung der Kirche dieselbe ohneweiters wieder zum Gottesdienste verwendet werden kann. Die Bevölkerung soll aufgeklärt werden, dass diese Massnahmen notwendig sind, um die Ernährung der Bevölkerung sicherzustellen und das mit Erlaubnis des Ordinariates geschehen ist.«

Nachdem die Behörde auch die Pfarrkirche in Brixen für die Lagerung von Getreide in Betracht gezogen hatte, regte sich Widerstand. Der Stadtpfarrer von Brixen, Rudolf Corradini, der für Deutschland optiert hatte und ein Freund des Generalvikars war, äußerte auch seine Bedenken. Am 16. November 1944 schrieb er dem Generalvikar und bat ihn, sich für die Pfarrkirche einzusetzen. In der Tat schrieb Pompanin am 18. November 1944 dem Herrn von Putzer: »Die Überlassung der Pfarrkirche stösst wohl auf fast unüberwindliche Schwierigkeiten, da in derselben sehr viele Gottesdienste an Sonn- und Werktagen stattfinden, die sich sehr sehr schwer in anderen Kirchen unterbringen lassen. Sie ist auch von den Gläubigen gut besucht und es würde jedenfalls die Bevölkerung sehr aufgebracht sein, wenn sie nicht die unbedingte Notwendigkeit der Überlassung klar sehen würde. Das Ordinariat ersucht deswegen, von einer Beanspruchung der Pfarrkirche abzusehen, und hofft, dass es möglich sein wird sonst die nötigen Lagerräume zu finden.« Pompanin schlug für die Getreidelagerung eventuell die Kirche der Englischen Fräulein oder die Frauenkirche vor. Aus ihr hätte man allerdings die Gummireifen, die dort lagerten, entfernen müssen. Eine weitere Kirche, die Pompanin ins Gespräch brachte, war die Kirche des Priesterseminars. Allerdings müsste, so der Generalvikar, das Lazarettkommando sich damit einverstanden erklären, da das Priesterseminar ein Lazarett ist. Schließlich gab Pompanin auch zu bedenken, dass alle Kirchen im Raum Brixen vor Bombenangriffen nicht sicher seien, da sie nicht weit von der Bahnstation entfernt sind.

Dem Propst von Innichen, Johann Mairhofer, der statt der Pfarrkirche St. Michael die Spitalkirche in Niederdorf als Lagerraum vorgeschlagen hatte, antwortete Pompanin am 4. Dezember 1944: »Da die Spitalskirche in Niederdorf zum Gottesdienste mehr benützt wird als die Pfarrkirche in Innichen, muss das Ordinariat sich für die Überlassung der Pfarrkirche in Innichen entscheiden, wenn es vor die Wahl gestellt wird, eine der beiden Kirchen zu überlassen.« Dann fügte er noch den viel sagenden Satz hinzu: »Vielleicht kommt es nicht dazu.«

Das Bistum Brixen, unmittelbar dem Hl. Stuhl unterstellt, hat 10 Dekanate mit 101 Pfarreien und 38 Kuratien und zählt zirka 99 000 Einwohner

Titelblatt des »Schematismus« von 1944, der dank der guten Beziehung des Generalvikars Alois Pompanin mit dem Obersten Kommissar für die Operationszone Alpenvorland, Franz Hofer, trotz der widrigen Umstände gedruckt werden konnte.

Druckgenehmigungen in den Jahren 1943–1945

Für die Herausgabe periodischer Druckschriften galten in den Jahren 1944/45 äußerst strenge Vorschriften. Dafür brauchte es auch immer die Genehmigung der Abteilung Presse des Obersten Kommissars für die Operationszone Alpenvorland. So richtete Generalvikar Pompanin am 25. Oktober 1943 an den Obersten Kommissar für die Operationszone Alpenvorland, Arbeitsbereich XI, Abteilung Presse ein Schreiben, in dem er um die Erlaubnis zur Herausgabe des »Brixner Diözesanblattes« und des »Directoriums Divini Officii« ansuchte.

Zum »Brixner Diözesanblatt« heißt es in dem Schreiben: »Die Druckschrift ›Brixner Diözesanblatt‹ ist das amtliche Verordnungsblatt der Diözese Brixen. Dasselbe erscheint grösstenteils in deutscher Sprache, bringt aber hie und da auch Artikel in lateinischer Sprache. (Unter Italien wurden viel mehr Artikel in lateinischer Sprache gebracht, da Artikel in deutscher Sprache nur als Übersetzung aus dem Italienischen gebracht werden konnten). Es wird in 250 Exemplaren hergestellt, die an die Seelsorgsämter und an die Klöster der Diözese versandt werden. Ausserdem wurden gegen Austausch einige Exemplare an die Erzdiözese Trient und an einige deutsche Diözesen gesendet. Es erscheint nicht streng periodisch, sondern nach Bedarf etwa 4 bis 8 Mal im Jahr. Auch der Umfang richtet sich nach dem Bedarf. In der Regel umfasst ein Jahrgang 40–80 Seiten … Bezüglich der letzten Nummer, die erst am 13. Oktober erschienen ist, wird bemerkt, dass die Buchdruckerei Weger von der Verfügung über die Presse erst nach Versand dieser Nummer Mitteilung erhielt.«

Zum »Directorium Divini Officii« schrieb Generalvikar Pompanin: »Die Druckschrift ›Directorium Divini Officii‹ et ›Schematismus‹ ist der amtliche Kalender der Diözese, in dem für alle Tage des Jahres die Tagesmessen und die Tagzeiten aus dem Brevier angegeben sind. Es erscheint in lateinischer Sprache. Seit einigen Jahren wurde als Anhang der ›Schematismus‹ beigedruckt, der ein Verzeichnis der Welt- und Ordensgeistlichen der Diözese enthält. Derselbe ist ebenfalls in lateinischer Sprache gedruckt, selbstverständlich werden im neuen Jahrgang die deutschen Ortsnamen eingesetzt werden. Dieser Anhang zum Directorium wird von verschiedenen Diözesen in Deutschland in derselben Weise herausgegeben. Das Directorium erscheint in einer Auflage von 550 Exemplaren und wird an die Kirchen und die Geistlichen der Diözese verschickt.«

Dieser Eingabe legte Pompanin auch die zwei letzten Nummern des »Brixner Diözesanblattes« und ein Exemplar des letzten »Directoriums« bei.

Der Oberste Kommissar kam nun Pompanin weitgehend entgegen. Am 25. November 1943 antwortete Schönwitz, der Sachbearbeiter des Arbeitsbereiches XI/Abt. Zeitungen und Zeitschriften, im Auftrag des Obersten Kommissars: »In Erledigung Ihres Ansuchens gebe ich Ihnen heute meine Entscheidung wie folgt bekannt:

1. Das Erscheinen des ›Brixner Diözesanblatt‹ wird vorläufig auf die Dauer von drei Monaten, beginnend mit 1. Dezember 1943, zugelassen. Nach dieser Zeit ist ein neues Ansuchen zu stellen. Aus Papierersparnisgründen darf die Auflage 250 Exemplare nicht übersteigen und aus gleichem Grunde muss auch der Umfang auf 4 Seiten beschränkt werden, was bei Verwendung eines kleinen Schriftgrades durchaus möglich sein wird. Vor Auslieferung sind 10 Exemplare nach hier zu senden. Der Vertrieb der Zeitschrift darf nur in der bisherigen Weise erfolgen.

2. Das Erscheinen des Kalenders Directorium 1943 et Schematismus 1942 wird für das Jahr 1944 genehmigt. Die Auflage darf jedoch 500 Exemplare nicht übersteigen, und muss auch der Umfang aus Papierersparnisgründen um ein Drittel gekürzt werden. Vor Auslieferung des Kalenders sind 10 Exemplare nach hier zu reichen.«

Das Schreiben endete mit den Worten: »Bei beiden Druckschriften wird vorausgesetzt, dass sie in ihrer inhaltlichen Gestaltung den heutigen Verhältnissen in der Operationszone Alpenvorland entsprechen.« Da der Umfang des »Directoriums« um ein Drittel gekürzt werden musste, war es unmöglich auch den Schematismus beizufügen. Deshalb bat Pompanin den Obersten Kommissar am

7. Dezember 1943, dass der Schematismus in einer Auflage von nur 200 Stück gesondert gedruckt werden dürfte. Dem Ordinariat war es ein großes Anliegen, das Verzeichnis gerade im Jahr 1944 herauszubringen, »da es das erstemal ist«, so Pompanin in seinem Ansuchen, »dass er wieder ganz in deutscher Sprache mit deutschen Ortsnamen erscheinen kann.« Mit Schreiben vom 4. Jänner 1944 kam der Oberste Kommissar dem Generalvikar wieder entgegen. Die letzte Druckgenehmigung für den Hirtenbrief in italienischer Sprache in einer Auflage von 60 Exemplaren, der für jene Seelsorgen gebraucht wurde, in denen sich noch eine größere Anzahl von Italienern aufhielt, wurde am 12. Jänner 1945 erteilt.

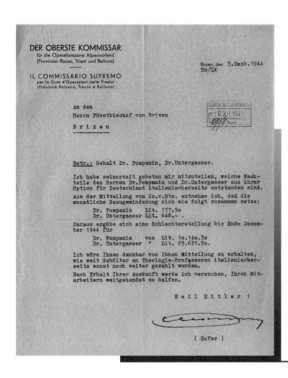

DER OBERSTE KOMMISSAR
für die Operationszone Alpenvorland
(Provinzen Bozen, Trient und Belluno)

IL COMMISSARIO SUPREMO
per la Zona d'Operazioni nelle Prealpi
(Provincie Bolzano, Trento e Belluno)

Bozen, den 3.Dezb.1944
He/Lk

An den
Herrn Fürstbischof von Brixen

B r i x e n

CURIA BRIXINENSIS
pr. 1 6 XII 1941
...fasc.

Betr.: Gehalt Dr. Pompanin, Dr.Untergasser.

Ich habe seinerzeit gebeten mir mitzuteilen, welche Nachteile den Herren Dr.Pompanin und Dr.Untergasser aus ihrer Option für Deutschland italienischerseits entstanden sind.

Aus der Mitteilung vom 20.v.Mts. entnehme ich, daß die monatliche Bezugsminderung sich wie folgt zusammen setze:

    Dr. Pompanin   Lit. 177.9o
    Dr. Untergasser Lit. 648.- .

Daraus ergäbe sich eine Schlechterstellung bis Ende Dezember 1944 für

    Dr. Pompanin von Lit. 1o.14o.3o
    Dr. Untergasser " Lit. 29.631.5o.

Ich wäre Ihnen dankbar von Ihnen Mitteilung zu erhalten, wie weit Gehälter an Theologie-Professoren italienischerseits sonst noch weiter gezahlt wurden.

Nach Erhalt Ihrer Auskunft werde ich versuchen, Ihren Mitarbeitern weitgehendst zu helfen.

        H e i l H i t l e r !

        (Hofer)

Schreiben des Obersten Kommissars für die Operationszone Alpenvorland, Franz Hofer, das Gehalt der engsten Mitarbeiter des Oberhirten betreffend

Gehalt für Pompanin und Untergasser wegen der Option für Deutschland gestrichen

Der Oberste Kommissar für die Operationszone Alpenvorland, Franz Hofer, kam Pompanin und seinem Mitbruder Johannes Untergasser auch in Gehaltsfragen sehr entgegen. Nach den geltenden Gesetzen bezog Generalvikar Pompanin als Kanonikus und als Professor für Kirchenrecht am Priesterseminar vom Staat ein Gehalt von ungefähr 6400 Lire jährlich. Mit 1. Oktober 1940 wurde ihm das Gehalt angeblich über Weisung des Ministeriums gestrichen, weil er für Deutschland optiert hatte. Amtliche Nachricht darüber bekam er keine. In der vom Schatzamt der Finanzintendanz in Bozen an das Registeramt in Brixen zugesandten Liste der Gehaltsanweisungen war bei seinem Namen kein Betrag mehr eingesetzt, und daneben stand die Anmerkung: Cittadino germanico. Da er aber nicht eingebürgert war, war diese Begründung falsch. Deshalb protestierte er bei der Finanzintendanz. Diese berief sich auf Weisungen des Ministeriums. Ein weiterer Protest von Seiten Pompanins unterblieb dann, weil ihm der Leiter der deutschen Zweigstelle in Brixen, Petschauer, die Zusage gab, dass die deutsche Zweigstelle ihm das Gehalt auszahlen werde. Anschließend gab es aber Schwierigkeiten mit der Auszahlung. Ähnliche Probleme mit der Bezahlung des Gehaltes hatte auch Dr. Johann Untergasser, der Sekretär des Fürstbischofs.

Am 20. November 1944 wandte sich Pompanin in dieser Angelegenheit an den Obersten Kommissar für die Operationszone Alpenvorland und legte ihm die Berechnung der Gehälter vor, deren Auszahlung der deutsche Staatshaushalt übernehmen sollte. Am 3. Dezember 1944 schrieb Franz Hofer an Fürstbischof Johannes Geisler: »Ich habe seinerzeit gebeten, mir mitzuteilen, welche Nachteile den Herren Dr. Pompanin und Dr. Untergasser aus ihrer Option für Deutschland italienischerseits entstanden sind. Aus der Mitteilung vom 20. v. Mts. entnehme ich, dass die monatliche Bezugsminderung sich wie folgt zusammensetze: Dr. Pompanin Lit. 177.90; Dr. Untergasser Lit. 648. Daraus ergäbe sich eine Schlechterstellung bis Ende Dezember 1944 für Dr. Pompanin von Lit. 10.140.30, Dr. Untergasser von Lit. 29.631.50. Ich wäre Ihnen dankbar, von Ihnen Mitteilung zu erhalten, wie weit Gehälter an Theologie-Professoren italienischerseits sonst noch weitergezahlt wurden. Nach Erhalt Ihrer

Auskunft werde ich versuchen, Ihren Mitarbeitern weitgehendst zu helfen.«

Am 18. Dezember 1944 antwortete Fürstbischof Geisler dem Obersten Kommissar mit einer interessanten Darlegung der Gehälter der Brixner Theologieprofessoren. In dem Schreiben heißt es: »Für das Interesse, das Sie der Gehaltsfrage meiner beiden Mitarbeiter Dr. Pompanin und Dr. Untergasser entgegenbringen, spreche ich Ihnen meinen aufrichtigsten Dank aus und teile Ihnen in Antwort auf Ihr Schreiben vom 3. ds., das am 16. ds. hier eingetroffen ist, Folgendes mit: Nach den italienischen Gesetzen leistet der Staat keine Zahlungen für die Theologieprofessoren. Da aber in den neuen Provinzen den Geistlichen ›alter Ernennung‹, das heißt jene, welche bei Inkrafttreten des Konkordates am 7. 6. 1929 in einer staatlich anerkannten Stellung wirkten, die staatlichen Zuschüsse nach den früheren österreichischen Gesetzen geleistet werden, zahlt der italienische Staat für die Professoren der Seminarien in Brixen, Trient und Görz, die alter Ernennung sind, die Gehälter nach den österreichischen Gesetzen weiter aus. Ende Dezember 1939 waren im Brixner Priesterseminar 7 Professoren alter Ernennung angestellt: Dr. Baur, Dr. Kneringer, Dr. Pompanin, Dr. Prenn, Dr. Sparber, Dr. Steger und Dr. Untergasser. Dr. Kneringer ist inzwischen gestorben, und es wurde an seiner Stelle Alfons Maister ernannt, der auch alter Ernennung ist. Den beiden Professoren Dr. Pompanin und Dr. Untergasser wurde der Gehalt wegen der Option für Deutschland eingestellt. Den anderen fünf Professoren zahlt der italienische Staat auch jetzt noch den Gehalt weiter, und zwar in folgender Höhe (der Unterschied erklärt sich durch das verschiedene Dienstalter): Dr. Baur jährlich 7.300 L; Maister 6.610 L; Dr. Prenn 7.396 L; Dr. Sparber 7.122 L; Dr. Steger 11.820 L. Diese fünf Professoren erhielten mit Datum vom 7. ds. von der Präfektur in Bozen die Mitteilung, dass ihnen rückwirkend vom 1. 7. 1943 ab eine Teuerungszulage von jährlich 980.50 L. angewiesen wird. Deshalb beantragte mein Generalvikar bei Ihrer Dienststelle, Arbeitsbereich II, dass diese Teuerungszulage auch dem Dr. Untergasser in Anschlag gebracht wird; wenn das geschieht, würden die monatlichen Bezüge, resp. die Bezugsverminderung für Dr. Untergasser L 729.70 betragen und die Schlechterstellung bis Ende Dezember 1944 L 31,102.25. Da der Gehalt ... des Dr. Pompanin als Kirchenrechtslehrer nicht nach dem Schema der übrigen Professoren berechnet wird und deswegen nicht bekannt ist, ob auch ihm, wenn er nicht optiert hätte, eine Teuerungszulage mit 1. 7. 1943 angewiesen worden wäre, und in welcher Höhe, wurde für ihn kein weiterer Antrag gestellt. Ich wäre Ihnen, Herr Gauleiter, sehr dankbar, wenn Sie meinen beiden Mitarbeitern zur Regelung Ihrer Gehaltsfrage behilflich sein würden.« Um dem Schreiben wohl mehr Nachdruck zu verleihen, unterschrieb Geisler mit »Heil Hitler«.

Der Regens des Priesterseminars, Josef Steger, der sich immer wieder gegen den Nationalsozialismus ausgesprochen hat. Er meldete 1945 dem Ordinariat einen bedauerlichen Vorfall und bat um Antwort.

Beleidigung religiöser Gefühle

Fürstbischof Geisler und Generalvikar Pompanin unterließen es nicht, ständig Fälle zu denunzieren, die eine Beeinträchtigung der Rechte der Kirche und eine Beleidigung der religiösen Gefühle des Volkes bedeuteten. Am 22. November 1944 schrieb Pompanin an den Obersten Kommissar für die Operationszone Alpenvorland und beklagte einen Fall, der einen Soldaten aus Graun im Vinschgau betraf. Dieser war am 7. November 1944 als Opfer eines Fliegerangriffes auf die Albeinser Brücke bei Brixen gefallen. Am 9. November 1944 wurde der Soldat im Militärfriedhof von Brixen mit militärischen Ehren, aber ohne Priester und ohne kirchliche Einsegnung begraben, obwohl er in seinem Leben ein überzeugter und praktizierender Katholik gewesen war. Über den Ausschluss des kirchlichen Begräbnisses waren auch seine Kameraden enttäuscht, und die Sache, die auch in der Stadt bekannt geworden war, wurde mit Missmut aufgenommen. Wörtlich heißt es dann im Schreiben Pompanins: »Eine teilweise Entschuldigung dürfte in der Unkenntnis der Volksseele von Seiten mancher leitenden zum Teil protestantischen Offiziere liegen, die wahrscheinlich nicht wissen, dass die Verweigerung des kirchlichen Begräbnisses beim Volke allgemein als eine der schimpflichsten und härtesten Strafen gilt.« Pompanin ersuchte den Obersten Kommissar, Sorge zu tragen, damit solche Fälle, die in der Bevölkerung Missbehagen hervorrufen, sich nicht wieder ereignen. Das Schreiben unterzeichnete Pompanin mit »Heil Hitler«. Um sich die Machthaber geneigter zu machen oder um Schlimmeres zu verhüten, haben damals auch Prälaten öfters ihre Briefe mit »Heil Hitler« unterschrieben. So unterfertigte der Wiener Kardinal Theodor Innitzer einen Brief an Gauleiter Josef Bürckel im April 1938 mit »Heil Hitler«.

Andere Vorfälle denunzierte Pompanin dem Obersten Kommissar am 10. März 1945. Es handelte sich um Ereignisse im Wehrertüchtigungslager in Wolkenstein, das vom 6. Februar bis zum 3. März 1945 stattgefunden hatte. Aus vertrauenswürdiger Quelle wusste der Generalvikar, dass den Jugendlichen des Lagers an keinem Sonntag Gelegenheit geboten worden war, der hl. Messe beizuwohnen, und dass sie am Aschermittwoch viel Fleisch und ausgezeichnetes Essen bekommen hatten, obwohl das Essen sonst sehr schlecht war. Überdies wäre der leitende Oberfeldwebel häufig über die Religion ausfällig geworden.

Dass Geisler und Pompanin in wichtigen Fragen zu keinem Kompromiss bereit waren, zeigt folgender Fall. Der Regens des Priesterseminars Josef Steger, der sich 1939/40 immer wieder gegen den Nationalsozialismus und die Option ausgesprochen hatte, berichtete am 16. März 1945 dem Fürstbischof, dass er von einem Theologiestudenten aus der Südfront eine Anfrage erhalten habe, die er selber nicht beantworten wollte. Nachdem ein Offiziersanwärter von daheim zwei Schweine mitgebracht hatte, wurde eine »Schweinstaufe« veranstaltet. Prozessionsartig und mit psalmenähnlichem Gesang zog man zum Stall. Sodann wurden die Schweine mit Kränzen geziert, mit Weihrauch inzensiert und dann mit Wein getauft. An diesen Handlungen nahmen alle Offiziere und Unterführer teil, einige Anwärter schauten entweder zu oder taten selbst mit. Die Theologiestudenten, die auch eingeladen worden waren, nahmen weder an der »Taufe« noch am folgenden »Taufschmaus« teil. Dieses Fernbleiben mussten sie jedoch am nächsten Tag mit »Strafexerzieren« und dann mit einer zehntägigen Ausgangssperre büßen. Dem Studenten ging es nun um die Frage, inwieweit bei derlei Handlungen eine aktive oder passive Teilnahme erlaubt sei.

Am 17. März 1945 antwortete der Generalvikar dem Seminarregens: »Da die von Theologen berichteten Handlungen eine offensichtliche Verhöhnung der christlich-religiösen Gebräuche darstellen, ist das Ordinariat der Ansicht, dass weder eine aktive Mitwirkung noch eine passive Teilnahme an der ›Taufe‹ gestattet ist. Eine Teilnahme am Essen selbst (wenn es auch ›Taufschmaus‹ betitelt wurde) dürfte dagegen nicht unerlaubt sein, außer wenn auch beim Essen Dinge vorkommen, die gegen die Religion sind. Es soll diese Antwort im Namen des Ordinariates dem betreffenden Theologen mitgeteilt werden. Da aber das Ordinariat nicht gewillt ist, die religiöse Verhöhnung auf sich beruhen zu lassen, wird ersucht um Mitteilung der Adresse des betreffenden Theologen, da für eine Beschwerde die Kenntnis des Truppenteiles notwendig ist. Der Name des Theologen wird selbstverständlich nicht mitgeteilt werden.«

Josef Achmüller mit einer Maturaklasse im Vinzentinum in Brixen; der Kreisleiter Robert Bernardi von Bruneck bezeichnete Achmüller 1944 als einen »Kriegsverbrecher«.

Die Priester Josef Achmüller, Gilbert Wurzer und Alois Baldauf

Je mehr sich das Ende des nationalsozialistischen Regimes näherte, desto nervöser wurden die Machthaber und der Konfliktstoff zwischen Kirche und Oberstem Kommissar nahm zu. So schrieb der Kreisleiter von Bruneck Robert Bernardi dem Obersten Kommissar Franz Hofer am 18. August 1944 über Josef Achmüller, der damals Kooperator in Sand in Taufers war: »Ich bitte Sie daher, die notwendigen Schritte einzuleiten, damit diesem gefährlichen Gegenpropagandisten, den ich als Kriegsverbrecher bezeichnen möchte, unmöglich gemacht wird, in diesem völkischen Grenzgebiet seine zersetzende Arbeit noch weiterhin auszuüben.« Offenbar schenkte Franz Hofer dem Kreisleiter kaum allzu große Aufmerksamkeit. Erst am 17. Oktober 1944 richtete der kommissarische Präfekt

Karl Tinzl an die Brixner Kurie ein Schreiben, in dem es hieß, dass der Oberste Kommissar wegen der politischen Gegnerschaft Achmüllers, der inzwischen zum zweiten Kooperator von Gais ernannt worden war, einen Einwand erhoben habe. Deshalb müsse er im Sinne des Artikel 21 des Lateran-Konkordates gegen diese Ernennung Einspruch erheben. Tinzl bat folglich die Kurie, davon Abstand zu nehmen. Ein ähnliches Schreiben mit dem gleichen Datum betraf den Priester Gilbert Wurzer, der zum provisorischen Kuraten von Percha nominiert worden war.

Am 28. Oktober 1944 antwortete Generalvikar Pompanin dem Obersten Kommissar und belehrte ihn eines Besseren: »Da auf Grund des Artikels 21 des Konkordates eine Einsprache der Präfektur nicht möglich ist, habe ich diese der Präfektur mit ausführlicher Begründung mitgeteilt. Ich erlaube mir aber zugleich auch an Sie persönlich davon Mitteilung zu machen und lege eine Abschrift der an die Präfektur gemachten Darlegungen bei. Der Inhalt derselben ist kurz gesagt folgender: Auf Grund des Artikels 21 des Konkordates kann die Regierung gegen die Ernennung von definitiven Pfarrern und Kuraten Einsprache erheben, aber nicht gegen die Ernennung von Provisoren und Kooperatoren. Das Ordinariat hat sich auch nach dem 9. September 1943 immer genau an die Vorschriften des Konkordates gehalten und alle Ernennungen der definitiven Pfarrer und Kuraten vor ihrer Zustellung an die Ernannten der Präfektur mitgeteilt und erst nach Ablauf der 30-tägigen Einspruchsfrist durchgeführt.

Da die beiden Ernennungen schon seit mehreren Monaten durchgeführt sind, ist es natürlich nicht möglich davon Abstand zu nehmen. Trotzdem ist der Herr Fürstbischof bereit die Ernennung des Herrn Achmüller, von dessen Verschulden er Kenntnis erhielt, allerdings keine amtliche, da weder die Polizei noch Ihr

Kultusamt eine Mitteilung über seine Verhaftung und deren Grund uns zukommen ließen, zurückzunehmen, wenn Sie Ihren diesbezüglichen Wunsch aufrechterhalten und uns eine Mitteilung darüber zukommen lassen, trotzdem auf Grund des Konkordates ein Einspruchsrecht der Regierung nicht vorhanden ist. Von Gilbert Wurzer ist uns nicht bekannt, dass er irgendeinen Konflikt mit den Behörden gehabt hätte oder irgendwelche Äußerungen seiner politischen Gegnerschaft getan hätte. Deswegen will der Herr Fürstbischof sein Urteil in diesem Falle noch nicht aussprechen.« Pompanin unterschrieb mit »Heil Hitler«.

Für die damaligen Beziehungen zwischen Brixner Kurie und dem Obersten Kommissar ist ein Brief des Frühmessers von Prad Alois Baldauf, der für Deutschland optiert hatte und mit Pompanin befreundet war, sehr aufschlussreich. Baldauf, der auch zum Präfekten Karl Tinzl gute Beziehungen unterhielt, schrieb am 23. Oktober 1944 dem Generalvikar: »Mein Besuch beim Herrn Dr. T. (inzl) war wegen meiner verspäteten Ankunft und wegen baldiger telefonischer Abberufung des Herrn Dr. auf kurze Zeit beschränkt und konnte deshalb die wichtigsten Punkte nur berühren. Bezüglich der Einberufung der Geistlichen ist dem Herrn Dr. nichts bekannt und wusste auch nichts von einer Verordnung, nach der die Geistlichen vom Wehrmachtsdienst ausgeschlossen wären. Der Hochw. Herr Ignaz Theiner, von dem man glaubte, dass er noch bei seinen Angehörigen in Mals weile, erhielt vor ungefähr einem Monate die Einberufung zum Polizeiregiment ›Alpenvorland‹ nach Schlanders, die aber zurückgenommen wurde, als sich herausstellte, dass Herr Theiner die Seelsorge in Plawenn inne hat. Sprach mit dem Herrn Dr. ganz offen, dass dem Hochwürdigsten Fürstbischof mit schönen Worten und Versprechungen nicht geholfen sei und er möge auf die zuständigen Stellen einzuwirken suchen, dass bald die entsprechenden Taten folgen, ansonsten man an ihrer Aufrichtigkeit zweifeln müsse. Er versprach, bei gegebener Gelegenheit seinen Einfluss geltend zu machen. Auch die noch immer schwebende Frage des Religionsunterrichtes in den öffentlichen Schulen möge doch bald zur Befriedigung beider Teile gelöst werden. Dass Herr Dr. die Interessen des Hochwürdigsten Fürstbischofs vertreten hat und auch in Zukunft vertreten wird, ist außer Zweifel. Der Pfarrer von Algund, von Stenitzer, der bei der Vervielfältigung eines Briefes über den Heldentod eines Gefallenen die Worte ›für Führer und Volk‹ durch Punkte ersetzte und nach dem Worte ›Großdeutschland‹ ein Fragezeichen setzte, befindet sich verdienterweise im Gefängnis in Meran.«

Generalvikar Alois Pompanin hatte mit dem Obersten Kommissar Franz Hofer (Mitte) ein gutes Verhältnis und konnte deshalb immer wieder auf unliebsame Vorfälle hinweisen und auch manche Verbesserung erreichen.

Der Mut Pompanins, für die Rechte der Kirche einzutreten

Wenn auch die häufigen Kontakte zwischen der Brixner Kurie und den nationalsozialistischen Behörden viele anstehende Probleme nicht lösen konnten, so trugen sie doch dazu bei, ihnen die Schärfe zu nehmen. Im Juli 1944 hatte Pompanin eine längere Unterredung mit Franz Hofer und bei dieser Gelegenheit sprachen sie auch über die Einstellung des Trienter Diözesanblattes. Am 24. Juli schrieb Pompanin sodann einen Brief an seinen Kollegen Kögl in Trient. In diesem Schreiben meinte der Brixner Generalvikar, dass die Angelegenheit mit dem Diözesanblatt doch die Folge eines Mangels an persönlichen Kontakten wäre. Er habe nämlich die Erfahrung gemacht, dass durch einen persönlichen Kontakt manche Frage bereinigt oder doch ihre Schärfe gemildert werden könne, wenn man auch in grundsätzlichen Fragen nicht viel erreichen würde. Pompanin berichtete auch, dass der Oberste Kommissar in persönlichen Aussprachen immer sehr freundlich sei und dass man mit ihm offen sprechen könne. Schon am 29. Juli antwortete Kögl, dass der Erzbischof für den Ratschlag danke und »data occasione ne faremo tesoro – wenn sich die Gelegenheit ergibt, werden wir ihn beherzigen.«

Pompanin hatte auch den Mut, für die Kirche einzutreten und den Obersten Kommissar auf gewisse unliebsame Vorfälle hinzuweisen und ihn zu ersuchen, Abhilfe zu schaffen. Am 19. September 1944 schrieb er an Franz Hofer und erinnerte ihn daran, dass er selbst bei ihrem letzten Treffen es für nicht angezeigt gehalten habe, dass man das Südtiroler Volk bei Schulungskursen, Volksappellen und dergleichen in seinen religiösen Gefühlen verletze, und dass ihm der Generalvikar solche Fälle mitteilen könne. Nun führte Pompanin zwei Fälle an, die beim Volk Verstimmung ausgelöst hatten. Wörtlich schrieb er: »Da ich einen konkreten Fall diesbezüglich erfahren habe, mache ich von dieser Erlaubnis Gebrauch und teile es Ihnen mit. Es betrifft einen Volksappell in Niedervintl, bei dem Herr Professor Dr. Dollinger redete. In seiner Rede griff er auch die katholische Kirche und die Päpste an und soll behauptet haben, dass die katholische Kirche die Völker aussauge und als Beweis soll er angeführt haben, dass der Peterspfennig genügt hätte, um zweimal den alten Weltkrieg zu finanzieren. Ich kenne die Kirchengeschichte genügend um zu wissen, dass Manches geschehen ist, was wir beklagen müssen. Aber zunächst sind die Behauptungen Dr. Dollingers maßlos übertrieben und deswegen ungerecht und dann kann ich nicht glauben, dass das Vorbringen solcher Dinge gegen die Kirche auf einer Volksversammlung, die den Zweck hat, das Volk aufzufordern, seine letzte Kraft zum

Endkampf des deutschen Volkes um sein Leben einzusetzen, von Nutzen sei, da viele Zuhörer durch solche Bemerkungen in ihren religiösen Gefühlen verletzt werden und einer nicht nur überflüssigen, sondern für die jetzige Zeit fast untragbaren Belastung ausgesetzt werden. Ich würde Sie deswegen bitten, Herr Gauleiter, wenn Sie Herrn Professor Dr. Dollinger aufmerksam machten könnten, doch solche Ausfälle zu unterlassen.

Bei dieser Gelegenheit erlaube ich mir auch, auf einen anderen Punkt aufmerksam zu machen. In einzelnen Schulen ist, wie es scheint, das Kruzifix entfernt worden; so wurde es mir aus Bruneck berichtet. Es scheint, dass diese Entfernung der Privatinitiative einzelner Lehrer entspricht und nicht einer allgemeinen Weisung der Schulbehörde. Wenigstens sagte mir Herr Schulrat Ladstätter, dass nicht die Absicht bestehe, die Kruzifixe aus der Schule zu entfernen. Ich darf wohl darauf aufmerksam machen, dass die Entfernung der Kruzifixe aus der Schule beim größten Teil der Südtiroler Bevölkerung äußerst schmerzlich empfunden und schwere Besorgnisse für die Zukunft erregen würde und so, wenn auch vielleicht unbewusst, auf die Leistungsfähigkeit des Volkes im Kampfe für Deutschland sich ungünstig auswirken würde. Ich würde Sie deswegen bitten, Weisungen zu geben, dass in diesem Punkt keine Änderungen vorgenommen werden.« Um seine Bitte zu unterstreichen und um wohl keinen Zweifel über seine Haltung aufkommen zu lassen, grüßte Pompanin mit »Heil Hitler«.

Die national-
sozialistische
Tageszeitung
»Bozner Tag-
blatt« vom
8. Jänner 1944
durfte zunächst
im Lesezimmer
des Priester-
seminars
aufliegen.

Das »Bozner Tagblatt« und das Brixner Priesterseminar

Nachdem schon im Oktober 1941 auf Druck der Deutschen der
»Volksbote« und das »Katholische Sonntagsblatt« von den Faschisten verboten worden waren, traf es nach dem Einmarsch der deutschen Truppen in Südtirol in der Nacht vom 8. auf den 9. September
1943 also auch die »Dolomiten«. In der Zeit vom 13. September
1943 bis zum 14. Mai 1945 erschien dann die nationalsozialistische
Tageszeitung »Bozner Tagblatt«. Gedruckt wurde das Blatt in der
Druckerei Athesia, die von den Nazis beschlagnahmt worden war.
Nun ergab sich die Frage, ob diese nationalsozialistische Zeitung
auch im Priesterseminar aufliegen und von den Theologiestudenten
gelesen werden dürfe. Offenbar setzte Generalvikar Pompanin bei
Fürstbischof Johannes Geisler durch, dass der Oberhirte dazu die

Erlaubnis erteilte, obwohl damals grundsätzlich von den Theologie-studenten nur katholische Zeitungen gelesen werden durften.

Am 3. November 1943 schrieb Pompanin dem Seminarregens Josef Steger: »Obwohl das ›Bozner Tagblatt‹ keine katholische Zeitung ist und hie und da auch einzelne Äußerungen bringt, die vom katholischen Standpunkte aus zu verwerfen sind, lässt der hochwürdigste Fürstbischof die Erlaubnis, die seinerzeit für die ›Dolomiten‹ gegeben wurde, auch für das ›Bozner Tagblatt‹ gelten. Die Alumnen dürfen also dasselbe nicht abonnieren, es soll aber im Lesezimmer aufgelegt werden. Die Gründe, die Hochdenselben zu dieser Stellungnahme bewogen, waren folgende: Einerseits gibt es keine katholische Zeitung mehr; man kann aber besonders in der gegenwärtigen Zeit doch nur sehr schwer den Theologen jegliche Tagesnachricht vorenthalten. Anderseits kann man bis jetzt dem ›Bozner Tagblatt‹ keine bewusst antikatholische Stellungnahme vorwerfen, da die obenerwähnten Äußerungen, die vom katholischen Standpunkte aus zu verwerfen sind, nur gelegentlich in Artikeln politischen Inhalts oder Erzählungen vorkamen. Es ist nicht unwahrscheinlich, dass auch in Zukunft vereinzelt solche Äußerungen vorkommen; in diesen Fällen mögen die Seminarvorstände, die Alumnen auf das Irrige dieser Äußerungen aufmerksam machen und eventuell die Widerlegung derselben vorlegen. In dieser Weise wird das Lesen des Blattes den Alumnen keinen Schaden zufügen und es kann sogar eine nützliche Belehrung der Alumnen daraus hervorgehen.«

In der Folgezeit hatte der Spiritual des Priesterseminars Alfons Maister doch große Bedenken, ob den Alumnen des Priesterseminars das ›Bozner Tagblatt‹ weiterhin zugemutet werden könne. Am 1. Februar 1944 teilte der Spiritual dem Seminarregens mit, dass er beim Fürstbischof dagegen protestiert habe, »dass den Theologen das ›Bozner Tagblatt‹ in die Hände gegeben werde. Anlass dazu sei ihm eine sehr realistisch geschilderte Verführungsszene (zu Ehebruch) gewesen, die derart sei, dass ein Theologe von solcher Lektüre Schaden leiden müsse.« In einem Pro memoria von Seminarregens Steger vom 2. Februar 1944 heißt es weiter: »Darauf habe ihm der Fürstbischof gesagt, er möge dem Regens mitteilen, a) dass die genannte Zeitung den Theologen nicht mehr in die Hand gegeben werden solle, dass aber b) der Subregens oder Präfekt die Theologen mündlich über die wichtigsten Tagesereignisse informieren sollen. Aus diesem Auftrag ergibt sich zunächst, dass die Verordnung des Hochwürdigsten Fürstbischofs vom 3. November 1943 ... wonach das ›Bozner Tagblatt‹ ›im Lesezimmer (der Theologen) aufgelegt werden soll‹, wenigstens vorläufig aufgehoben erscheint.« Anschließend gab der Seminarregens folgende Weisung: Das ›Bozner Tagblatt‹ darf den Theologen nicht mehr in die Hände gegeben werden. Da der Herr Subregens erklärte, die mündliche Einführung der Theologen in die Tagesereignisse nicht übernehmen zu können, bat Steger den Präfekten Johann Tschurtschenthaler, diese Aufgabe zu übernehmen.

Am 2. Februar 1944 schrieb er ihm: »Im Sinne der ›Verhaltungsmaßnahmen‹ des Hochwürdigsten Fürstbischofs vom 7. Oktober 1943 ... für den Klerus der Diözese, ›sich jeder Äußerung über die geschaffene politische Lage und über den Ausgang des Krieges zu enthalten, ... bitte ich Dich, gemäß der Anordnung des Hochwürdigsten Fürstbischofs vom 1. Februar 1944 den Herren Theologen die wichtigsten Tagesereignisse im Anschluss an die offiziellen behördlichen Berichte vorzulegen, Dich dabei aber jeder Äußerung über die politische Lage und über den Ausgang des Krieges ... zu enthalten und Dich in keinerlei Debatte, die irgendwie politisch ausgelegt werden könnte, einzulassen.« In diesem Falle scheint sich der Fürstbischof gegenüber dem Generalvikar durchgesetzt zu haben.

Johannes Untergasser, der Hofkaplan von Fürstbischof Geisler, fertigte vom dramatischen Treffen zwischen Fürstbischof Geisler und Franz Hofer am 5. April 1945 im Bergheim in Gries bei Bozen ein Gedächtnisprotokoll an.

Das dramatische Treffen von Fürstbischof Geisler und Franz Hofer am 5. April 1945

Bei einem dramatischen Treffen mit Franz Hofer am 5. April 1945 im Bergheim in Gries bei Bozen weigerte sich Geisler, zusammen mit seinem Generalvikar Pompanin und Hofkaplan Untergasser, die Verteidigung der »Alpenfestung Tirol« zu unterstützen. Franz Hofer erklärte bei dieser Unterredung, dass er in den letzten Tagen die Standschützen und zahlreiche Volksvertreter zusammengerufen und mit ihnen die Lage besprochen habe. Dabei habe ihn die Einmütigkeit des Volkes im Abwehrwillen bis zum Äußersten erstaunt und gefreut. Seiner Meinung nach würde Tirol, da es schon immer die Festung des deutschen Reiches gewesen sei, es auch dieses Mal sein. Sobald Russen und Angloamerikaner zusammentreffen würden, würde zwischen ihnen ein Streit beginnen, da sich Kapitalismus und Bolschewismus auf die Dauer nicht vertragen könnten. Er habe schon alles vorbereitet, und seit Monaten arbeite er mit 70.000 Mann an der Südgrenze dieser Festung, seit einem Monat an der Westgrenze und nun auch an der Ostgrenze, indem er Bunker und Panzersperren baue. Es gebe auch schon unterirdische Fabriken, die ab 1. Mai so viele Panzerfäuste herstellen würden, als man bisher in einem halben Jahr verbraucht habe. Es seien ebenfalls andere Abwehrmittel vorhanden, er habe viele ausgebildete Schützenbataillone und jetzt käme noch die Wehrmacht hinzu. Er werde sich 10.000 angloamerikanische Offiziere und russische Kommissare bringen lassen, die in einem unterirdischen Bunker untergebracht würden. Sollten die Feinde mit der Bombardierung allzu rücksichtslos sein, so würde er den Amerikanern »einige blutige Köpfe von diesen Gefangenen« schicken. Die Besprechungen, die er in den letzten Tagen geführt habe, hätten ergeben, dass sich alle einig seien, sich bis zum Letzten zu verteidigen, um dem Bolschewismus zu entgehen. Nun wolle er alle Abwehrkräfte aufrufen und den Widerstandswillen so weit als möglich stärken. Der Entschluss, sich bis zum Äußersten zu verteidigen sei gefasst, und daran könne nichts geändert werden.

Hofer fragte den Bischof, wie er zu dieser ganzen Sache stehe und ob er bereit sei, seinen Beitrag zur Stärkung dieses Widerstandswillens zu leisten. Geisler antwortete, dass er dagegen sei, Südtirol jetzt zum Kriegsschauplatz zu machen, weil es keine Aussicht auf Erfolg gebe und weil der Heimat und dem Volke damit großer Schaden zugefügt würde. Hofer, der über diese Antwort des Bischofs sehr ungehalten war, sagte darauf, dass der Entschluss dennoch durchgeführt würde. Es gehe um die Entscheidung dafür oder dagegen. Wer nicht für die Sache sei, der sei dagegen; dies sei genau so, wie bei der Option. Es täte ihm leid, feststellen zu müssen, dass der Bischof über die Meinung des Volkes so schlecht informiert sei. Es würden nun auch Standgerichte errichtet und es wäre ihm sehr unlieb, wenn er Geistliche an die Wand stellen müsste. Zum Schluss sagte Hofer, dass sich der Bischof alles überlegen und ihm mündlich durch den Generalvikar eine Antwort geben sollte.

Am 13. April 1945 schrieb nun Geisler selbst dem Obersten Kommissar: »Bei meinem letzten Besuch äußerten Sie den Wunsch, dass ich Ihnen meine Entschlüsse durch meinen Generalvikar mündlich mitteilen lasse; in Anbetracht der Reiseschwierigkeiten erlaube ich mir aber zunächst eine schriftliche Antwort zu geben; wenn Sie auch weiterhin den Wunsch haben, mit meinem Generalvikar zu sprechen, wird er, sobald Sie es wünschen, nach Bozen kommen. Nach reiflichster Überlegung der mir von Ihnen vorgebrachten Vorschläge glaube ich, denselben am besten nachkommen zu können, wenn ich meine Weisungen an den Klerus innerhalb des kirchlichen Bereiches halte, da die Überschreitung desselben der Sache mehr schaden als nützen könnte. Auch glaube ich, dass ich damit noch einige Zeit zuwarten soll, bis sich die Kriegslage in Bezug auf unser Land wesentlich geändert haben wird; denn eine zu frühe Veröffentlichung würde wahrscheinlich nur Unruhe erzeugen. Für den Fall also, dass das Kriegsgeschehen sich den Grenzen unseres Landes nähert, könnte ich den Klerus auffordern, unbedingt und geschehe, was wolle, auf seinem Posten auszuharren, so lange noch die Bevölkerung oder Teile davon im Orte ist, und bei Evakuierung der ganzen Bevölkerung, die Bevölkerung zu begleiten … Meine Bemühungen und jene des Klerus würden mehr Erfolg haben, wenn Sie durch geeignet scheinende Maßnahmen die Bevölkerung in Bezug der religiösen Zukunft beruhigen, die durch verschiedene Veröffentlichungen und andere Maßnahmen erregten Befürchtungen hierüber zerstreuen und so die Bevölkerung von dem Alpdruck befreien könnten, dass sie nach glücklicher Beendigung des Krieges noch einen bitteren Kampf innerhalb des Volksganzen für die eigene religiöse Überzeugung sowie besonders die der Kinder führen müsste … In der Hoffnung, dass die gegenwärtige Prüfungszeit des deutschen Volkes bald glücklich beendet werden könne, zeichne ich mit deutschem Gruß ergebenst.«

Aus diesem Schreiben geht hervor, dass Geisler nicht bereit war, die wahnsinnigen Pläne Hofers zu unterstützen, sondern dass er alles tat, um Zeit zu gewinnen, bis es zum endgültigen Zusammenbruch des Dritten Reiches kommen würde. Bis dahin musste er versuchen, mit dem Obersten Kommissar, der ja mit Hinrichtungen von Geistlichen gedroht hatte, auszukommen, um das Schlimmste zu verhüten.

Karikatur aus der Zeitung »Cantachiaro«, antigiornale satirico politico, vom 15. Februar 1946: in der Mitte Papst Pius XII., links davon Erzbischof (!) Johannes Geisler, der für die Rückkehr des »Alto Adige« zu Österreich betet, rechts vom Papst Alcide Degasperi, der für den Verbleib des »Alto Adige« bei Italien betet.

Für die Selbstbestimmung Südtirols

Nach der Kapitulation der Deutschen Wehrmacht in Italien am 2. Mai 1945, kam es am 30. April 1946 zur Pariser Außenministerkonferenz. Diese bestätigte die Beibehaltung der Brennergrenze und gab Italien und Österreich den Auftrag, einen Vertrag zum Schutz der Südtiroler Minderheit auszuarbeiten, der am 5. September desselben Jahres zustande kam und als Pariser-Vertrag in die Geschichte einging.

Fürstbischof Geisler setzte sich gleich nach dem Krieg für die von den Italienern bedrängte Bevölkerung ein. Sein Einsatz galt ferner den Südtiroler Auswanderern und allen Kriegsgeschädigten. Er unterstützte finanziell auch die am 8. Mai 1945 gegründete Südtiroler Volkspartei, welche diese Hilfe für den Aufbau ihrer Strukturen notwendig brauchte. Viel bedeutender als diese finanzielle

Unterstützung war aber sein Bemühen, die Selbstbestimmung für Südtirol zu erwirken. Dabei war vor allem Generalvikar Pompanin die treibende Persönlichkeit. Bereits im August 1945 schickte Geisler eine Note an die Alliierten, welche die Bitte enthielt, Südtirol das Selbstbestimmungsrecht zu gewähren. Dieser Bitte schloss sich auch der Klerus von Nord- und Osttirol an. Am 20. Oktober 1945 schrieb er in diesem Zusammenhang einen Brief an den Präsidenten der Vereinigten Staaten Harris S. Truman. In derselben Angelegenheit wandte sich der Fürstbischof am 14. Jänner 1946 auch an die Geistlichen seiner Diözese und forderte sie auf, vor allem auf die Hilfe und den Schutz des »göttlichen Bundesherrn« zu setzen. Am 24. Jänner 1946 versuchte Geisler, einen Artikel in der »Times« veröffentlichen zu lassen, in dem es hieß: »Es wird von italienischer Seite das Schlagwort in Umlauf gesetzt, dass … sehr viele Südtiroler Nationalsozialisten gewesen seien und dass sie deswegen es nicht wert seien, dass ihnen das Selbstbestimmungs-recht und damit die Möglichkeit der Rückkehr zum Mutterlande Österreich zugestanden werde. Dieses Schlagwort ist falsch …« Am 1. Februar 1946 wandte sich Geisler in der Sache Südtirol an den Bundespräsidenten der Republik Österreich, Karl Renner und an den Bundeskanzler der Republik Österreich, Leopold Figl.

Italienische Medien starteten damals eine heftige Kampagne gegen den Bischof. Der »Alto Adige« zitierte den Aufruf Geislers und stellte an die italienischen Behörden die Frage: »Ist dieser Akt eine Äußerung von offenem Separatismus oder ist er es nicht? Kann eine solche Handlung in einem souveränen Staat geduldet werden? Seine Hoheit Johannes Fürstbischof von Brixen ist gegenwärtig italienischer Staatsbürger oder residiert er nicht immerhin in Italien?« Postwendend griffen die »Dolomiten« den »Alto Adige« an und schrieben: »Nicht wer betet oder zum Beten auffordert, ›stört den Frieden‹, sondern wer es am Beten hindern will und das Volk in Verzweiflung treibt«. Ausgehend von dieser Kampagne veröffentlichte die Südtiroler Volkspartei eine »Ergebenheits-Kundgebung« an den Fürstbischof.

Die Nachricht vom Beschluss der Pariser Außenministerkonferenz vom 30. April 1946, welche die Forderung Österreichs nach Rückgabe Südtirols abgewiesen hatte, hat Geisler zutiefst getroffen. Ein Schweizer Journalist, der den Bischof wiederholt aufgesucht hatte, schrieb: »Im vergangenen September machte ich dem Fürstbischof von Brixen Msgr. Geisler in seinem schmucken Palast einen Besuch. Der noch junge Prälat war voller Optimismus, Zuversicht und fröhlicher Hoffnung, daß seine Diözese wieder dem einheitlichen nationalen Oesterreich angegliedert werde. Als ich ihn ein paar Tage nach dem Non possumus der Alliierten wiedersah, schien er um zehn Jahre älter, sein Gesicht hatte einen gequälten, geradezu tragischen Ausdruck ...« Schon am 18. Mai 1946 schrieb Geisler an den Botschafter der Vereinigten Staaten am Vatikan, Myron Taylor, und schickte ihm ein kurzes Memorandum. Der Fürstbischof bat Taylor, er möge sich bei Truman einsetzen, damit er für Südtirol interveniere. In dieser Zeit fuhr Geisler auch nach Florenz, wo er sich mit Taylor traf. Am 22. Mai 1946 schickten Geisler und Friedl Volgger »als Vertreter des Volkes« von Rom aus Schreiben an die Außenminister der Sowjetunion, Frankreichs, Englands und der Vereinigten Staaten von Amerika mit der Bitte, sich für das Selbstbestimmungsrecht der Südtiroler einzusetzen. In den Sommerwochen 1946 ließ Geisler den Alliierten ein Memorandum zukommen, das die eindringliche Bitte enthielt, den Beschluss der Außenministerkonferenz zu revidieren und dem geprüften Land Gerechtigkeit zukommen zu lassen. Am 11. Juni 1946 wandte sich Geisler sogar an Winston Churchill und am 23. Juni sowie am 9. August an den englischen Außenminister Bevin.

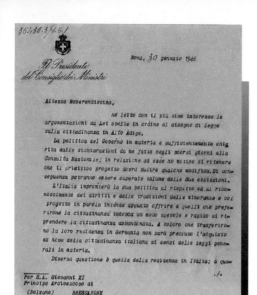

Schreiben des italienischen
Ministerpräsidenten Alcide
Degasperi vom 30. Jänner 1946
an Fürstbischof Johannes Geisler

Generalvikar Pompanin
und die Optantenfrage

Bereits im Herbst 1945 hatte Rom einen Gesetzesentwurf vorbereitet, demzufolge auch die noch nicht abgewanderten Südtiroler die
italienische Staatsbürgerschaft verlieren sollten. Deshalb setzten
Fürstbischof Johannes Geisler und Generalvikar Pompanin alle
Hebel in Bewegung, um dieses Vorhaben zu Fall zu bringen. So
richtete Geisler ein Schreiben an W. M. Harrison, Acting Provincial
Commissioner der Alliierten Militärregierung, und bat ihn, sich in
der Optantenfrage für die Südtiroler einzusetzen. Harrison antwortete am 28. Dezember 1945 Fürstbischof Geisler und betonte: »I
can assure you that Allied Commission are strongly pressing the
Italian Government to deal reasonably and fairly with the question
of Citizenship in Bolzano.« In derselben Angelegenheit wandte sich

Geisler auch an den Heiligen Stuhl. Am 11. Jänner 1946 schrieb der Sekretär der Kurienabteilung für Außerordentliche Kirchliche Angelegenheiten Domenico Tardini dem Fürstbischof: »Le considerazioni che l'Eccellenza Vostra ha fatto sull'importante questione che forma l'oggetto del Suo scritto, sono state attentamente esaminate e questo Ufficio non ha mancato di nuovamente far presente a chi di dovere la delicatezza del problema.«

Der Fürstbischof richtete am 4. Jänner 1946 auch ein Schreiben an den italienischen Ministerpräsidenten Alcide Degasperi, der am 30. Jänner 1946 antwortete: »L'Italia improntarà la sua politica al rispetto ed al riconoscimento dei diritti e delle tradizioni delle minoranze e col progetto in parola intende appunto offrire a quelli che preferirono la cittadinanza tedesca un modo agevole e rapido di riprendere la cittadinanza abbandonata. A coloro che trasferirono la loro residenza in Germania non sarà precluso l'acquisto ex novo della cittadinanza italiana ai sensi delle leggi generali in materia … Un'esigenza fondamentale di giustizia non consente che si trascuri completamente ogni differenza fra il trattamento di quei cittadini di lingua tedesca, che nonostante la propaganda germanica optarono per l'Italia e il trattamento di coloro che ne favorirono il III Reich e vi si trasferirono … Il Governo italiano democratico verebbe meno alla sua missione se indulgesse verso il nazismo, che ha responsabilità e colpe ben più gravi dello stesso fascismo.«

Am 8. Februar 1946 glaubte Generalvikar Pompanin im Radio gehört zu haben, dass das Optantengesetz schon publiziert wurde, obwohl Degasperi der SVP versprochen hatte, die Veröffentlichung des Gesetzes bis zur Beratung mit den Vertretern des Südtiroler Volkes zu verschieben. Gerade zu dieser Zeit lud der Präfekt die SVP ein, an einer Kommission zur Beratung der Südtiroler Frage teilzunehmen. Generalvikar Pompanin war darüber empört, warf

Degasperi Wortbruch vor und schrieb am 9. Februar 1946 einen Brief an Kanonikus Gamper, in dem er ihn aufforderte, alles zu tun, um diese Kommission zu boykottieren. In dem Schreiben heißt es: »Und dieser Grund soll möglichst laut in die Welt hinausgeschrien werden: ›Mit einem Ministerpräsidenten, der sein Wort bricht, können wir uns in keine Verhandlungen mehr einlassen‹ … Je stärker der Krach mit der italienischen Regierung wird, desto besser für uns. Ich glaube auch, dass die Südtiroler Volkspartei, die so oft den einzig richtigen Grundsatz vertreten hat, dass es nur eine Lösung der Optantenfrage gibt, nämlich die Annullierung des Vertrages von Berlin mit allen folgenden Verträgen, kann sich jetzt nicht an den Verhandlungstisch setzen ohne ihr ganzes Ansehen einzubüßen. Herr Kanonikus! Ziehen Sie alle Register, um den Obmann der Volkspartei zu bewegen, dass er die Kommission nicht beschickt … Jetzt heißt es nicht für den Fall, dass wir italienisch bleiben, etwas zu retten, sondern alle Kraft nach dem einen Ziel hinlenken: ›österreichisch zu werden‹. Je weniger wir uns mit den Italienern vertragen, desto bessere Aussichten haben wir.

Übrigens wenn wir für den schlimmsten Fall, dass wir italienisch bleiben, etwas retten wollen, ist es nur dadurch, dass wir uns jetzt mit den Italienern nicht einlassen. Wir können für uns nur dann etwas retten, wenn die Alliierten die Autonomie uns geben. Und das werden wir nur erreichen, wenn wir mit den Italienern nicht verhandelt haben. Also nochmals Kampf mit allen Mitteln! Nur nicht weich werden!« Die endgültige Lösung der Optantenfrage zog sich jedoch in die Länge und wurde erst mit Gesetzesdekret vom 5. Februar 1948 gelöst. Pompanin setzte sich bis dahin immer wieder für die Südtiroler Interessen ein.

Fürstbischof Johannes Geisler wird nach der Kassiansprozession am 5. Mai 1946 in der Brixner Hofburg von einer großen Menschenmenge bejubelt.

Religiöse Demonstrationen, der Vatikan, Nazigrößen in Südtirol

Als es zu den Pariser-Verhandlungen kam, schickte Geisler seinen Vertrauten Hans Schöfl in die französische Hauptstadt, um den Ablauf der Gespräche zu verfolgen und die Brixner Kurie auf dem Laufenden zu halten. Bereits am 23. Jänner 1946 hatte in Gries am Brenner ein Treffen zwischen Politikern und Geistlichen zur Lage Südtirols stattgefunden, dem Mitte Februar eine Priesterkonferenz in Stilfes folgte. Diese verfasste mit Billigung des Brixner Ordinariates ein Rundschreiben an die Pfarrgemeinden, das zu religiösen Demonstrationen für die Rückkehr Südtirols zu Österreich aufrief. Obwohl die Spitze der Südtiroler Volkspartei Bedenken gegen Demonstrationen dieser Art hatte, wurden dennoch verschiedene Massenwallfahrten abgehalten. In Trens fand am 13. April 1946 eine Bittwallfahrt statt, an der bis zu 10.000 Menschen teilnahmen. Massenhaft besuchten die Gläubigen auch die Kassiansprozession am 5. Mai 1946 in Brixen. Nach der religiösen Feier kam es auf dem Domplatz zu einer politischen Kundgebung für Österreich, bei der Friedl Volgger und Otto von Guggenberg das Wort ergriffen. Zum Abschluss versammelten sich viele Menschen im Mittelhof der bischöflichen Burg und huldigten dem Fürstbischof. Als auch der Klerus des deutschen Anteiles der Diözese Trient solche Wallfahrten abhalten wollte, verbot Provikar Josef Kögl mit einem geharnischten Schreiben vom 20. Juni 1946 derlei Demonstrationen im deutschen Anteil der Diözese. Zudem verfasste er anlässlich des 150. Herz-Jesu-Jubiläums einen sehr kritischen Beitrag, in welchem er betonte, dass sich die Herz-Jesu-Verehrung mit dem Nationalitätenhass wie Wasser und Feuer vertrage. Am 30. Juni 1946 kam es dann in Bozen zu einer würdigen Gedächtnisfeier, bei der sich aber Geisler durch Kanonikus Pertramer vertreten ließ.

Das Schreiben vom 23. Juni 1946, in dem sich Geisler als »the spirituel leader of my people« darstellte, wurde von den Engländern an Degasperi geschickt. Auch der Vatikan wusste darüber Bescheid, der damals Erzbischof Santin von Triest und den Bischof von Pola in ihrem Kampf um den Erhalt der alten italienischen Grenzen unterstützte. Geisler hingegen fand im Vatikan kein Verständnis. Von ihm sagte Substitut Mons. Tardini: »… che ha sempre interpretato a suo modo i suggerimenti che gli pervenivano dal Vaticano«. In einem Gespräch mit dem italienischen Botschafter Diana meinte Tardini sogar: »Perchè, da parte italiana, non vengono riesumate e pubblicate nella stampa le solenni dichiarazioni pro-tedesche fatte dallo stesso vescovo al momento dell'opzione per la Germania, da lui esercitata con una solennità della quale non dovrebbe esser difficile ritrovare anche la documentazione

fotografica …?« Tardini wie Montini, der spätere Papst Paul VI.,
versicherten den Italienern, dass sich der Heilige Stuhl einsetzen
werde, Österreich zu überzeugen, die Brennergrenze nicht zu
ändern. Der Vatikan, der sehr um die territoriale Integrität Italiens
besorgt war, behandelte die Bischöfe von Brixen und Triest mit
zweierlei Maß. Was der Papst zu Geisler anlässlich seines Ad-
limina-Besuches im November 1946 gesagt haben mag, wissen wir
nicht. Immerhin ließ der Oberhirte verlauten, dass Pius XII. unsere
Gegend kenne, weil er öfters mit der Bahn und auch mit dem Auto
durchgefahren sei. »Er wisse, dass unser Volk gut religiös sei und
er liebe es. Ausdrücklich sagte er mir«, so Geisler, »ich solle das
nur unseren Leuten sagen.«

Nach dem Krieg hielten sich verschiedene Nazi-Größen in Südtirol auf und fanden auch in kirchlichen Kreisen Unterstützung.
Unter anderen Erich Priebke († 2013), SS-Hauptsturmführer und
Mitglied des persönlichen Stabes von Heinrich Himmler. Priebke
besaß ab 1943 in Sterzing eine Wohnung. Am 13. September 1948
wurde er – bis dahin Protestant – von Pfarrer Johann Corradini
auf Anweisung von Fürstbischof Geisler »conditionate« katholisch
getauft. Wiederholt schrieb Geisler auch Bittgesuche für verfolgte
Personen. Am 18. Juni 1948 richtete Geisler ein Schreiben an den
Papst, er möge bei Degasperi erreichen, dass Rechtsanwalt Karl
Tinzl die italienische Staatsbürgerschaft wiederbekomme. Wörtlich
schrieb Geisler über Tinzl: »Il Dott. Tinzl è l'uomo di cui il Sudtirolo
attualmente ha il maggior bisogno, e nel quale tutti ripongono la
maggior fiducia. Egli è un fervido cattolico praticante, il quale pro-
pugna anche nella vita pubblica gli ideali cattolici, e appunto di
tali uomini che uniscano ad una vasta cultura giuridica la ardente
professione di principi cattolici abbiamo il maggior bisogno. Perchè
ve ne sono pocchissimi. Il Dott. Tinzl è un uomo integerrimo come

se ne trovano pochi; e vi si aggiunga che è anche un uomo mode-
rato che aborre gli estremi«. Für die 1948 bevorstehenden Parlamentswahlen gab Geisler Weisungen an die Seelsorger heraus,
in denen es hieß: »Diesbezüglich möchte ich feststellen, dass von
den Parteien nur zwei sind, deren Programme den Forderungen
der kirchlichen Autorität entsprechen, nämlich die Südtiroler Volkspartei und die Democrazia cristiana.«

10. Oktober 1947

Sehr geehrter Herr Doktor Pompanin!

Fräulein Else Hofer hat Sie über Wunsch ihres Vaters vor kurzem aufgesucht, um über Sie Herrn Fürstbischof einiges zu bitten. Es war zur Zeit ihrer Abreise von hier leider die abschriftlich beigelegte Bitte ihres Vaters im Brief vom 15.8.47 noch nicht eingetroffen. Ich hatte erst nun Gelegenheit zum Nachsenden. Im Falle Frl. Hofer sich nun nicht mehr in Bozen aufhält, erhalten Sie meine Zeilen mit der Bitte, die in beiliegendem Briefauszug des Herrn Hofer an mich vom 15.8.1947 zum Ausdruck gebrachten Wünsche nach Rücksprache mit dem Herrn Fürstbischof zu erfüllen.

Hedi Leuk, eine Familienangehörige des ehemaligen Obersten Kommissars für die Operationszone Alpenvorland, Franz Hofer, wandte sich am 10. Oktober 1947 an Pompanin und bat um ein Leumundszeugnis.

Pompanins eidesstattliche Erklärung für Franz Hofer

Während Fürstbischof Geisler und sein Generalvikar Pompanin 1949 den Vorschlag von Bischof Alois Hudal, Rektor des deutschen Kollegs Santa Maria dell'Anima in Rom, ablehnten, eine Amnestie von Exnazis zu unterstützen, kamen sie einem Bittgesuch für den ehemaligen Kommissar der Operationszone Alpenvorland Franz Hofer entgegen. Als Hofer bereits am 15. August 1947 eine schriftliche Äußerung von Fürstbischof Geisler und auch von Generalvikar Pompanin über »die angenehme und korrekte Zusammenarbeit« in den Jahren 1943/45 wünschte, erinnerte er an das erste grundlegende Gespräch, das die drei 1943 in Gries hatten, »das von beiden Seiten zum Nutzen Südtirols bis zum Schluss loyal eingehalten wurde.« Als Beispiele für die gute Zusammenarbeit erwähnte Hofer die Erledigung der Frage, ob der Konfessionsunterricht in oder außerhalb der Schule erfolgen sollte, wobei die Entscheidung Geisler überlassen worden war. Weiter, dass er im November 1943 dem Bischof mitteilen ließ, er würde die Verpflichtung übernehmen und sorgen, dass der Oberhirte und seine Mitarbeiter, sofern ihnen wegen ihrer Option Schwierigkeiten gemacht würden, ohne finanzielle Nachteile ihren Lebensabend in Nordtirol verbringen könnten. Und schließlich, dass er im November 1944 die Nachzahlung der von der italienischen Regierung seinerzeit eingestellten staatlichen Gehälter für Geisler und seine Mitarbeiter Pompanin und Untergasser genehmigt habe.

Nachdem Franz Hofer bzw. seine Familienangehörigen immer wieder gewünscht hatten, Pompanin möge eine schriftliche Äußerung über die gute Zusammenarbeit zwischen der Brixner Kurie und dem Obersten Kommissar in den Jahren 1943/45 abgeben, um Franz Hofer zu entlasten, gab Pompanin schließlich am 7. September 1951 eine Erklärung ab, in der es heißt: »Als Generalvikar des fürstbischöflichen Ordinariates Brixen bekunde ich: Herr Franz Hofer hat schon vor seiner Einsetzung als Oberster Kommissar in Südtirol, als Gauleiter und Reichsstatthalter von Tirol, uns Südtirolern im Allgemeinen und dem fürstbischöflichen Ordinariat gegenüber faschistischen Willkürakten Schutz und Hilfe angeboten. Nach seiner Einsetzung als Oberster Kommissar im Alpenvorland erfolgte eine Aussprache zwischen dem Herrn Hofer und dem hochwürdigsten Fürstbischof von Brixen, bei der ich beigezogen wurde. Diese Aussprache erfolgte in aller Offenheit und war die Grundlage der Beziehungen des Ordinariates mit den deutschen Behörden in den Jahren 1943–1945. Das Ordinariat hat in diesen Jahren bei verschiedenen Gelegenheiten ein verständnisvolles Entgegenkommen seitens des Herrn Franz Hofer gefunden: Beispielhalber möchte ich anführen, dass Herr Franz Hofer sich beim italienischen Innenministerium für die finanzielle Besserstellung des Klerus verwendet hat; dass er durch persönliche Intervention die vom Schulamte geplante Einschränkung des Pfarrschulunterrichtes verhindert hat; dass er die schon ausgesprochene Beschlagnahme der Pfarrkirche von Brixen wieder aufgehoben hat.

Es ist auch Tatsache, dass Herr Franz Hofer sofort nach seiner Einsetzung als Oberster Kommissar die faschistische Partei verbot und alle namhaften Faschisten aus den Ämtern entfernte. Er hat auch die Gründung der NSDAP in Südtirol nicht zugelassen. Es war auch zweifellos Verdienst des Herrn Hofer, wenn die Wogen politischer Unduldsamkeit sich glätteten und eine Radikalisierung des politischen Lebens verhindert wurde. So hat Herr Hofer unter anderem den gewaltigen Gegensatz zwischen Optanten und Bleibern trotz vieler Widerstände überbrückt. Herr Hofer hat sich während seiner Wirksamkeit als Oberster Kommissar als guter Tiroler gezeigt und hat der Bevölkerung von Südtirol viel Gutes getan.«

In einem früheren Entwurf für diese eidesstattliche Erklärung mit dem Datum vom 1. August 1951 hatte Pompanin noch geschrieben: »Aus mehrjähriger Zusammenarbeit kann ich nur erklären, dass ich Herrn Hofer als guten Tiroler kennen gelernt habe und weiß, dass er durch seinen Fleiß, seine Objektivität und seinen Gerechtigkeitssinn für Südtirol und seine Bevölkerung viel Gutes getan hat. Es war für Südtirol zweifellos ein Glück, dass er kam. Er war keinesfalls ein Förderer eines Gewaltregimes.« Während Hofer in Südtirol in einigen Punkten dem Brixner Ordinariat entgegenkam, entpuppte er sich nördlich des Brenners als grausamer Gegner von Bischof Paul Rusch und als brutaler Kirchenverfolger. Die Kirche im Gau Tirol-Vorarlberg hatte von allen österreichischen Gauen am meisten unter dem Nationalsozialismus zu leiden. Von den rund 450 Geistlichen in der Apostolischen Administratur Innsbruck-Feldkirch war jeder fünfte Priester mindestens einmal in Haft. Elf davon wurden Opfer dieser Verfolgung. Bischof Rusch hat es nach dem Krieg vermieden, in irgendeiner Form Rache zu nehmen. Auch gegen Franz Hofer, der nach 1945 mit einer kurzen Untersuchungshaft davonkam und 1975 in Mühlheim an der Ruhr in Deutschland als wohlhabender Kaufmann starb, erhob Rusch keine Klage.

Hier ruht
Hans Egarter,
Journalist.
✳ 20. 4. 1909
✝ 20. 6. 1966.
Das ewige Licht leuchte ihm

Gedenktafel am Grabmal von Hans Egarter, die im Jahr 2009 im Friedhof von Brixen angebracht wurde

Pompanin für Hans Stanek und gegen Hans Egarter

Auch in der Nachkriegszeit hatte Pompanin in Brixen das Sagen. Josef Raffeiner, der erste Generalsekretär der Südtiroler Volkspartei, beschrieb ihn so: »Monsignore Pompanin ist der Herr, der in Brixen ›gut und schlecht Wetter macht‹ und der großen politischen Einfluss auf einen Teil der Bevölkerung und durch Dr. von Guggenberg, der nach meiner Ansicht sein Werkzeug ist, auch auf die Südtiroler Volkspartei ausübt … Im Übrigen gewann ich von ihm den besten Eindruck. Er ist jedenfalls der bedeutendste Kopf, über den die Brixner verfügen und überragt die anderen Brixner Herren (Bischof, Dr. von Guggenberg, Dr. Prey) haushoch. Auch fand ich, dass er über alle Dinge sehr klare und, wenn auch etwas schroffe, so doch recht vernünftige Ansichten hat.«

Gerade in der Nachkriegszeit mischte sich Generalvikar Pompanin mächtig in die Brixner Stadtpolitik wie auch in die Landespolitik ein. So richtete er am 20. Mai 1945 an Karl Tinzl und Erich Amonn ein längeres Schreiben, womit er einen Beitrag zur Befriedung der Lage in Brixen leisten wollte, wo es zu einem heftigen Konflikt zwischen »Dableibern« und Optanten gekommen war. Folgende Grundsätze schlug er vor, um »den Frieden zu sichern«: »1. Die deutschen Verwaltungsbeamten, besonders der Bürgermeister, sind mit allen Mitteln zu halten; 2. Innerhalb der Südtiroler Volkspartei gibt es keine Gruppierung nach »Dableibern« und Optanten; 3. Alle Resentiments- und Rachegedanken müssen vollständig gebannt sein und jedem, der solche hegt oder zeigt, muss bedeutet werden, dass für ihn in der Südtiroler Volkspartei kein Platz ist.« Pompanin machte sich in diesem Schreiben besonders für Dr. Hans Stanek stark, der von 1943 bis 1945 kommissarischer Bürgermeister von Brixen war und in dieser Zeit für die deutschsprachige Bevölkerung befriedigende Maßnahmen ergriffen hatte. Ende Mai 1945 wurde Stanek abgesetzt. Pompanin beendete das lange Schreiben, indem er vor allem betonte, dass die Behauptung, alle Optanten wären Nazis, falsch sei. Wörtlich schrieb er: »Diese Bezeichnung ist objektiv unrichtig; denn formelle Parteigenossen der NSDAP gab es unter den Südtirolern, soviel ich weiß, überhaupt keine; nur die wenigen Nordtiroler, die mit dem Obersten Kommissar nach Südtirol kamen, waren wirkliche Parteigenossen der NSDAP. Aber auch innerlich hatte nur ein verhältnismäßig sehr kleiner Teil der Optanten die nationalsozialistischen Grundsätze angenommen, was von den Parteigenossen aus Nordtirol auch ganz offen ausgesprochen wurde. Diese Bezeichnung ist aber auch politisch verhängnisvoll; denn sie liefert den Italienern eine furchtbare Waffe gegen die Deutschen, die ihnen gestattet, den

Großteil der Südtiroler Bevölkerung als ›Nazis‹ auszuschalten. Wir müssen deswegen schon aus politischen Erwägungen bei der Wahrheit bleiben, dass Nationalsozialist nur jener war, der in aller Form als Parteigenosse aufgenommen war.«

Auch nahm Pompanin gegen den Artikel von Hans Egarter »Gerechtigkeit und Gericht« im »Volksboten« vom 22. November 1945 Stellung. In einem Schreiben vom 27. November 1945 an den Redakteur schrieb er: »Ich glaube, dass solche Artikel nur Wasser auf die Mühle der Italiener sind … Diese Artikel erreichen aber praktisch das Gegenteil; denn je mehr man die Schuld von den faschistischen Verfolgungen ablenkt und auf die Propaganda der Nazisten hinschiebt, desto mehr werden sämtliche Optanten (90 Prozent der Südtiroler) belastet, da sie ja dieser lügenhaften Propaganda Gehör geschenkt haben … Aber warum hat die ebenso rührige Propaganda der »Dableiber« so wenig Erfolg gehabt, obwohl sie vom größten Teil des sonst auch nachher noch so einflussreichen Klerus gestützt war … Ich habe mit vielen Kreisen der Optanten gesprochen: Die Gründe, die sie für ihre Haltung angaben, waren drei und immer wieder dieselben drei: ›Ich lasse mich nicht nach Süditalien abführen‹, – ›Ich kann nicht hundertprozentiger Italiener werden‹, – ›wenn ich hier bleibe, werde ich wirtschaftlich ruiniert‹ und gegen diese Argumente konnte man damals nichts Schlagendes erwidern … und weil Egarter mir vorwirft, dass ich im Artikel: ›Die Wahrheit über die Option‹ (ich bin nämlich der Verfasser) die Wahrheit einseitig dargestellt habe und die ganze Frage durch eine Brille gesehen hätte, die noch ziemlich braun oder schwarz gefärbt ist, möchte ich ihn auffordern auch nur einen einzigen Satz in meinem Artikel zu zitieren, der nicht voll und ganz auf Wahrheit beruht! Übrigens verstehe ich nicht, wie Egarter einen Artikel, der so voll Hass und Rachegedanken ist, mit seinem Christentum vereinbaren kann.«

Nach dem Krieg gab es wieder eine enge Zusammenarbeit zwischen der Brixner Kurie und Kanonikus Michael Gamper (v. l.:) der Chefredakteur des »Katholischen Sonntagsblattes«, Johann Tschurtschenthaler, Michael Gamper, Fürstbischof Johannes Geisler und der Obmann des Athesia-Aufsichtsrates, Hans Jank, bei einer Besprechung in der Brixner Hofburg

Generalvikar Pompanin gegen den Obmann der Südtiroler Volkspartei, Erich Amonn

Bereits 1946 gab es bei der Optantenfrage Verstimmungen zwischen Generalvikar Pompanin und dem Obmann der Südtiroler Volkspartei Erich Amonn. Ausgelöst hatte den Streit ein Schreiben Pompanins vom 11. März 1946 an Dr. von Guggenberg, der den Brief des Generalvikars an Amonn weitergegeben hat. Am 25. März 1946 antwortete Amonn Pompanin und beklagte sich darüber, dass Pompanin behauptet habe, die »Leitung der S.V.P.« sei wieder einmal umgefallen. Amonn verneinte dies und erklärte den Verlauf der Verhandlungen mit den Italienern. Weiter warf er dem Generalvikar vor: »… dass Sie der Auffassung sind, die jetzigen politischen Führer des Südtiroler Volkes seien die ungeschicktesten Dilettanten, die sich bei jeder Gelegenheit übertölpeln lassen, während die Italiener die abgefeimtesten und dabei geschicktesten Politiker seien, so dass man auf jeden Fall bei Verhandlungen den Kürzeren ziehen müsse. Wenn dem so wäre, dann dürften wir uns freilich in keine Kommission hineinsetzen … Aber ich glaube, dass dem nicht so ist.« Amonn beendete sein Schreiben mit den Worten: »Sie können überzeugt sein, dass wir für die Zukunft unseres Landes … bis zum Äußersten kämpfen werden, aber die Zukunft Südtirols in entscheidenden Augenblicken in unverantwortlicher Weise nochmals aufs Spiel zu setzen, dafür ist die Leitung der S.V.P. nicht zu haben.«

Mit Schreiben vom 6. April 1946 ging Pompanin auf den Brief Amonns ein, hielt an der Behauptung, die Leitung der SVP sei umgefallen, fest und betonte, dass die italienische Regierung mit allen, auch mit den unehrlichsten Mitteln suche, »den Alliierten darzutun, dass das Südtiroler Volk mit einer Autonomie zufrieden ist. Gegenüber diesen Bestrebungen der Italiener genügt es nicht, dass die S.V.P. theoretisch erklärt, am Selbstbestimmungsrecht festzuhalten, wenn sie praktisch an der Lösung der strittigen Frage im Sinne der Italiener mitarbeitet … Erst kürzlich hat ein hochgestellter englischer Offizier in Ampezzo erklärt, wenn Südtirol nicht österreichisch wird, liegt der Grund darin, dass die Südtiroler dafür zu wenig getan haben. Wollen wir unsere Aussichten nicht selbst verschlechtern, so müssen wir zeigen, und zwar durch Taten, nicht durch Erklärungen, dass wir uns mit den Italienern nicht vertragen können … Die Behauptung, dass ich die jetzigen politischen Führer des Südtiroler Volkes als die ungeschicktesten Dilettanten ansehe, während die Italiener die abgefeimtesten und geschicktesten Politiker seien, geht aus meinem Brief nicht hervor. Ich meine aber und die Tatsachen haben es leider immer wieder erwiesen, dass die Südtiroler bei Verhandlungen mit Italienern immer im Nachteil sind, weil die Südtiroler der Ansicht sind, dass man getroffene Vereinbarungen halten müsse und die Italiener eben der Ansicht sind, dass die getroffenen Vereinbarungen dazu da seien, um den Gegner zu täuschen.«

Am 13. April 1946 nahm Dr. Josef Raffeiner, der wie Amonn der liberalen Spitze der SVP angehörte, zum Schreiben von Pompanin Stellung: »Wir müssen aus Ihrem Brief weiter entnehmen, dass Sie Ihre Behauptung, die Parteileitung sei wenigstens schon einmal umgefallen, aufrecht erhalten wollen. Wir weisen auch diesen Vorwurf, der eine Beleidigung der Parteileitung darstellt, zurück. Wenn die Parteileitung einen Beschluss, der bei einer Ausschusssitzung gefasst wurde, nicht ausführt, weil sie dafür ihre guten Gründe hat, ist sie darüber einzig und allein dem betreffenden Ausschuss und sonst niemand Rechenschaft schuldig. Im gegenständlichen Fall (Optantenfrage) wurde das Verhalten der Parteileitung bei der nachfolgenden Ausschusssitzung ausdrücklich gebilligt und wir müssen uns deshalb dagegen verwahren, dass Außenstehende – noch dazu in beleidigender Form – die Parteileitung angreifen. Es tut uns außerordentlich leid, feststellen zu müssen, dass Ihre und unsere Ansichten in obigen und anderen Punkten weit auseinandergehen. Wir würden es im Interesse der Eintracht des Volkes wünschen, dass dies nicht der Fall wäre, aber Ihre Briefe lassen eine Hoffnung, die beiderseitigen Auffassungen einander näher zu bringen, als ziemlich aussichtslos erscheinen.«

Im Jahr 1947 eskalierte die Auseinandersetzung zwischen Pompanin und Amonn, so dass der Generalvikar in einem Schreiben vom 2. Februar 1948 an Kanonikus Gamper verlangte, dass bei den kommenden Wahlen Amonn nicht mehr Obmann der SVP wird. Wörtlich schrieb er: »Ich glaube, dass die SVP einer großen Gefahr entgegengeht, wenn in diesem Punkte nicht eine Änderung getroffen wird, da allzu viele Stimmen laut werden, die der Volkspartei diesbezüglich Vorwürfe machen. Es würde sich dadurch von selbst ergeben, dass Herr Dr. Fr. Volgger seine Stelle als zweiter Obmannstellvertreter aufgeben muss, da er für viele wie ein rotes Tuch wirkt und die Partei schwer kompromittiert. Was die Person anbelangt, glaube ich jetzt auch, dass Baron Di Pauli nicht der richtige Mann wäre und komme auf Ihre Idee des Dr. Tinzl zurück. Bewegen Sie ihn, die Stelle zu nehmen … Ich erlaube mir nochmals auf die schwierige Lage aufmerksam zu machen, in die wir kommen, wenn die Frage der katholischen Einstellung der SVP aufgeworfen würde und die jetzige Parteileitung wieder gewählt worden wäre. Ich müsste mir für diesen Fall jedenfalls volle Handlungsfreiheit vornehmen.«

Friedl Volgger, Obmannstellvertreter
der SVP. Zwischen ihm und der Brixner
Kurie gab es einen regen Briefverkehr.

Generalvikar Pompanin, der Pariser Vertrag und die Autonomie

Generalvikar Pompanin mischte auch bei den Verhandlungen, die zum Pariser Vertrag führten, mächtig mit. In Paris vertrat Hans Schöfl die Interessen der Brixner Kurie. Schöfl war mit der Alliierten Militärverwaltung als Dolmetscher nach Brixen gekommen, wo ihn Pompanin kennen und schätzen gelernt hatte. Der Fürstbischof bediente sich Schöfls eine Zeit lang für die Abfassung englischer Briefe und Berichte. Als Schöfl später in finanzielle Not geriet, setzte sich Pompanin für ihn ein und unterstützte ihn auch mit einer beträchtlichen Geldsumme. Am 30. August 1946 schrieb Pompanin an Schöfl: »Vor einigen Tagen habe ich einen Autonomie-Entwurf an Dr. v. G. (uggenberg) geschickt; hoffe, dass er ihn erhalten hat. Wenn ich aber die Sache überlege, kommt mir immer mehr vor, dass das Problem aller Probleme für Südtirol die Rückwanderung der eingewanderten Italiener ist. In meinem Entwurf habe ich das zwar berücksichtigt und wenn der Entwurf in den entsprechenden Punkten angenommen wird, hoffe ich, dass ein Großteil der eingewanderten Italiener wieder gehen wird. Wenn aber die Stimmung günstig ist, kommt mir immer mehr vor, dass man das Problem offen anschneiden sollte und dass man trachten sollte, eine Bestimmung zu erreichen, welche die Rückwanderung der seit dem 28. 10. 1922 eingewanderten Italiener innerhalb zweier Jahre unter der Kontrolle der Alliierten vorsieht. Dann wären wir vor allen Überraschungen gesichert. Nach unseren Zeitungen haben die Österreicher nur die Einstellung einer weiteren Einwanderung verlangt; aber das allein ist ja für Südtirol katastrophal, nachdem die Italiener fast die Zahl der Südtiroler erreichen. Suchen Sie also unsere Freunde von der Notwendigkeit einer ›Epuration‹ Südtirols von den vom Faschismus importierten Italienern zu überzeugen.«

Am 20. September 1946 sandte Pompanin an Kanonikus Michael Gamper und an Karl Tinzl seinen Entwurf des Autonomiestatutes, der für das ganze von Österreich an Italien abgetretene Gebiet der alten Provinz Tirol gedacht war. In seinem Begleitbrief erklärte er: »Wenn ich unsere heutige Lage überdenke, komme ich immer mehr zum Glauben, dass die uns von den Italienern gebotene Autonomie nicht viel wert ist, und zwar hauptsächlich aus zwei Gründen: 1. Weil wir nicht nur die Italiener nicht aus dem Lande bringen werden, sondern sehr zu fürchten ist, dass die Italiener in Südtirol die Mehrheit erlangen werden … ich habe aber auf die Österreicher kein besonderes Vertrauen, dass sie uns helfen können … 2. Die gewährte Autonomie wird eine sehr eingeschränkte Autonomie sein. Im Vertrag mit Österreich ist davon wenig enthalten … Die Italiener haben es deswegen in der Hand, nichts zu gewähren, was nicht im Vertrag mit Österreich ausdrücklich genannt ist … Die Vorteile der von mir vorgeschlagenen Lösung wären dagegen, dass wir bei Annahme meines Entwurfes wir die Herren im eigenen Hause werden und bleiben könnten. Durch die Kantonalverfassung wäre die Möglichkeit gegeben unerwünschte Einflüsse der Trentiner auszuschalten und wenn einmal die Zeit gekommen sein wird, dass wir uns endlich von Italien trennen können, wären ja die Grenzen durch die Kantonal-Grenzen auch schon gegeben.«

Auch in der Folgezeit mischte sich Pompanin immer wieder in politische Belange ein und griff wiederholt die Linie der Südtiroler Volkspartei an, die ihm den Italienern gegenüber viel zu weich erschien. So schrieb er an Dr. Karl Tinzl am 18. Oktober 1946: »Aus einem Gespräch mit Herrn Dr. Raffeiner entnehme ich, dass Sie bei der Volkspartei Grundsätze zur Autonomie vorgelegt haben, bei denen nicht verlangt wird, dass die Autonomie nur den Südtirolern gewährt werde, da Sie fürchten, dass die Italiener diese von vornherein ablehnen … Ich sagte sofort zu Dr. Raffeiner, dass ich dieses Verfahren für aussichtslos halte … Die Frage der Italiener in Südtirol ist gewiss das Problem aller Probleme … Ich glaube, wir müssen das Problem von Vorne anfassen … Der erste Schritt dazu ist eben der, dass diesen Italienern nicht die politischen Rechte im autonomen Gebiet gewährt werden. Die politischen Rechte sollen sie in ihrer Herkunftsgemeinde ausüben. Als Termin sollte man den 28. Oktober 1922 nehmen … Ich bin überhaupt der Ansicht, dass unsere ersten Forderungen nicht extrem genug sein können. Zum Nachgeben wird immer noch Zeit sein«.

Dem Obmannstellvertreter der SVP Friedl Volgger schrieb Pompanin am 11. Mai 1947: »Obwohl meine Zeit sehr gemessen ist, kann ich doch nicht umhin, mir die Zeit zu nehmen Ihnen zu schreiben, um meiner hohen Befriedigung Ausdruck zu geben über die letzte Nummer des ›Volksboten‹. Zugleich möchte ich auch die Hoffnung aussprechen, dass diese Linie auch für die Zukunft beibehalten wird und vielleicht auch die ›Dolomiten‹ zu dieser Linie überschwenken … Deswegen zum Schluss meine Bitte: Nur heraus mit der offenen Sprache; Material ist ja in Fülle und Fülle vorhanden. Der Erfolg wird sich bald zeigen, wenn die eingeschlagene Linie konsequent weitergehalten wird.«

Generalvikar Alois Pompanin setzte sich im Jahr 1947 auch für die Autonomie der Kirche in Südtirol ein.

Pompanin für Autonomie in kirchlichen Fragen

Als im Jahr 1947 die SVP die Ausarbeitung eines Autonomie-projektes in Angriff nahm und damit Karl Tinzl beauftragte, setzte sich Generalvikar Alois Pompanin mit Tinzl in Verbindung und bat ihn im Auftrag des Fürstbischofs, sich auch für kirchliche Belange einzusetzen, die unter die autonome Verwaltung fallen sollten. So schrieb er am 1. Mai 1947 an die SVP, und zwar zu Händen von Karl Tinzl, mit dem er immer ein gutes Verhältnis hatte: »Soviel ich weiss fallen nach dem Entwurfe der Südtiroler Volkspartei die Beziehungen zwischen Staat und Kirche in die Kompetenz des Staates und nicht des autonomen Gebietes. Ich denke, dass darunter die allgemeinen Richtlinien dieser Beziehungen fallen, nicht aber die einzelnen verwaltungstechnischen Aufgaben. Es sind dies folgende: 1. Religionsfond, soweit im autonomen Gebiet gelegen. 2. Die Kongrua (staatlicher Zuschuss für Geistliche) der Geistlichen und damit zusammenhängend die Überwachung der Verwaltung der Benefizialgüter, die vom Staate aus kongruierbar sind. 3. Einspruchsrecht der Regierung bei Ernennung der Bischöfe und des Seelsorgsklerus. 4. Die Überwachung der kirchlichen Kunstgegenstände durch die staatlichen Kunstämter.

Es wäre sehr wünschenswert, dass diese Angelegenheiten der gesetzgebenden und Verwaltungsgewalt des autonomen Gebietes überlassen werden. Die Gründe dafür sind etwa folgende: 1. Die ungemein langwierigen Verfahren, wenn die Angelegenheiten von Rom aus geregelt werden: Eingabe um die Kongrua, Erlaubnis zum Erwerb von Gütern von Seite der Kirche (wenn z.B. jemand etwas schenkt und testamentarisch vermacht), Rückzahlung und Neuanlage von Kapitalien werden Jahre lang hinausgeschleppt, teils wegen des komplizierten Verfahrens und noch mehr wegen der Langsamkeit, mit der die staatlichen Ämter arbeiten. 2. In Bezug auf die Kongrua haben wir eine ganz besondere Lage, die aber der Staat bisher nicht anerkennen wollte: Durch den Reichsdeputations-Hauptschluss hat der österreichische Staat die Pflicht übernommen, für die Zentralanstalten und die Seelsorgsgeistlichen der Diözese Brixen und Trient aufzukommen. Es ist das ein besonderer Titel, der in Italien nicht vorhanden ist und den der italienische Staat bis jetzt nicht anerkannt hat, weil er auf Grund dieses Titels eine höhere Kongrua geben müsste, als die ganz ungenügende, die in Italien festgesetzt wurde.

Es ist kein Zweifel, dass es dem Sinne der Autonomie-Regelung entspricht, dass auch diese Angelegenheiten der Regierung des autonomen Gebietes überlassen werden, da diese Angelegenheiten in keiner Weise allgemeine staatliche Interessen betreffen, die allein bei der Kompetenz des Staates bleiben sollten. Falls aber im Autonomie-Gesetze die Kompetenzen des autonomen Gebietes aufgezählt werden, müssten diese Angelegenheiten ausdrücklich genannt sein ... besonders bei der Ernennung der Bischöfe und des Seelsorgsklerus dürfte die staatliche Regierung Interesse haben, das Einspruchsrecht zu behalten. Es sollte deswegen in diesem Falle ausdrücklich erwähnt werden, dass nur die grundsätzliche Regelung des Verhältnisses zwischen Kirche und Staat zur Kompetenz des Staates gehört, aber alle übrigen kirchenpolitischen Angelegenheiten in die Kompetenz des autonomen Gebietes.«

Bereits am 3. Mai 1947 antwortete Tinzl dem Generalvikar, dass er schon daran gedacht hatte, in das allfällige vorzulegende Verzeichnis der Zuständigkeiten der beiden Länder auch die »Rapporti tra gli Istituti ed Enti ecclesiastici e la Regione« aufzunehmen sowie die »benefici ecclesiastici«. Wörtlich schrieb er dann: »Wir können dies aber nun auf Grund Ihres Schreibens noch mehr spezifizieren. Zweifel habe ich nur, ob hinsichtlich des Einspruchsrechtes der Regierung bei Ernennung der Bischöfe und des Seelsorge-Klerus eine Übertragung auf das Land ohne Zustimmung des Vatikans möglich sein wird, da dieses Einspruchsrecht ja auf einem Vertrag beruht, den der Staat, auch wenn er wollte, nicht einseitig dadurch ändern kann, dass er das Einspruchsrecht auf jemand anderen überträgt. Im allgemeinen glaube ich, dass wir in diesen Fragen auch die Unterstützung der Democristiani in Trient haben werden.«

Pompanin bedankte sich mit Schreiben vom 5. Mai 1947 bei Tinzl für die rasche Antwort und meinte: »Bezüglich des Einspruchsrechtes bei der Ernennung der Pfarrer dürfte es keine Schwierigkeiten von Seite des hl. Stuhles haben ... Bei den Bischöfen wird es vielleicht schwieriger werden.«

Der Generalsekretär der SVP, Otto von Guggenberg, genoss das Vertrauen von Generalvikar Alois Pompanin.

Einmischung in die Parlamentswahlen von 1948

Am 18. April 1948 fanden die ersten freien Parlamentswahlen statt. Bei der Aufstellung der Kandidaten für den Senat mischte auch Generalvikar Pompanin gehörig mit. So schrieb er am 23. Februar 1948 dem Generalsekretär der SVP Otto von Guggenberg, der sein Vertrauensmann war: »Nun sagten Sie mir gestern, dass für Brixen als Kandidat Herr Dr. Raffeiner und für Bozen Herr Dr. v. Braitenberg oder Herr Baron Di Pauli aufgestellt werden. Es wird im Brixner Wahlkreis nicht leicht sein, für Dr. Raffeiner Stimmung zu machen und es dürften bei dieser Kandidatur viele Stimmen verloren gehen, vielleicht so viele, dass er nicht mehr die 65 Prozent erhält. Wenn aber die überzähligen Stimmen des Brixner Wahlkreises … dem Kandidaten im Bozner Wahlkreis zugute kommen, so ist es viel leichter für die gemeinsame Liste zu werben und man wird den Dr. Raffeiner schlucken, damit man den anderen durchbringt. Dr. v. Braitenberg ist zwar persönlich ein sehr ehrenwerter Mann, aber nicht gar so volkstümlich und dann gehört er mehr oder weniger doch den Bozner Wirtschaftskreisen, also der Amonn-Richtung an.

Es kommt dann noch dazu, dass Dr. v. Braitenberg auch mehr der liberalen Richtung angehört, für die wir uns kaum vom katholischen Standpunkte einsetzen können. Es könnte deswegen eine geschickte Propaganda sein, die den Umstand ausnützt, dass beide Kandidaten für den Senat der liberalen Richtung angehören, uns unter Umständen so viele Stimmen wegnehmen, dass wir vielleicht nicht einmal einen durchbringen. Auch aus diesem Grunde ist es notwendig die Kandidatur im Bozner Wahlkreis mit einem Manne zu besetzen, der voll und ganz auf katholischer Grundlage steht und für den wir uns einsetzen können …

Aus beiden Gründen glaube ich, dass man unbedingt Baron Di Pauli für den Kreis Bozen aufstellen soll. Man wird vielleicht einwenden, dass Baron Di Pauli bei den Italienern zu schlecht angeschrieben ist. Ich glaube, dass dieser Einwand keine Geltung haben sollte. Diejenigen Italiener, die ihre Stimme einem Deutschen geben, werden sie lieber einem Deutschen mit ausgesprochener deutscher Gesinnung geben, als einem Kompromiss-Menschen …

Ich bitte Sie diese Vorschläge zu überlegen und besonders den ersten (Aufstellung eines volkstümlichen und gutkatholischen Kandidaten für Wahlkreis Bozen) mit all Ihrem Einfluss durchzusetzen. Es dürfte vielleicht auch Herr E. Amonn dafür sein, da ihm ja besonders daran liegt, den Herrn Dr. Raffeiner durchzubringen.«

Am 29. Februar 1948 griff Pompanin neuerdings zur Feder und schrieb an Otto von Guggenberg: »Um vor Überraschungen sicher zu sein, dürfte die beste Methode die sein, dass in Südtirol dafür Propaganda gemacht wird, dass alle die Vorzugsstimmen den zwei ersten deutschen Kandidaten geben«. Dann fügte Pompanin noch eine interessante Überlegung hinzu: »Als der englische Konsul beim Hochwürdigsten Fürstbischof war, sagte er auch, dass eingewanderte Italiener wieder zurückgeführt werden müssen, damit für die rückkehrenden Südtiroler Platz werde. Dieser Gedanke ist also den Engländern nicht fremd; denn der Konsul brachte ihn unaufgefordert vor. Wenn Sie den Schutz der Engländer gegen die geplante Überfremdung anrufen, so ließe sich das am leichtesten so machen, dass man die Engländer ersucht, dass sie in sanfter Form der italienischen Regierung den Wunsch nahe legen, jetzt daranzugehen, für die zurückkehrenden Südtiroler Platz zu machen, indem sie eine Anzahl zugewanderter Italiener abziehen. Wenn dieser englische Vorschlag auch nicht viel Aussicht hätte von den Italienern durchgeführt zu werden, so könnte er vielleicht den Nutzen haben, dass sie es jetzt einmal nicht sofort wagen, neue Einwanderungen einzuleiten.«

Auf dieses Schreiben antwortete Otto von Guggenberg am 3. März 1948 und betonte, dass der Vorschlag Pompanins bezüglich der Vorzugsstimmen vieles für sich habe. Bezüglich der Überfremdung schrieb er wörtlich: »Finde ihren Gedanken sehr gut und werde bei nächster Gelegenheit ihn – möglichst unauffällig – dem Konsul nahe legen«. Dann sprach der Generalsekretär das Problem der Sabotierung des Wahlrechtes an: »Gegenwärtig kämpfen wir schwer gegen die Sabotierung des Wahlrechtes, das – nunmehr seitens der Comunen – Hunderten und Hunderten entzogen wird … Wird nichts anderes nutzen, als in die Zeitung zu gehen. Davor hat man noch am meisten Angst – wahrscheinlich wegen des Auslandes«. Bei den Kandidaten für die Kammer setzte sich

Pompanin besonders für Otto von Guggenberg ein. So schrieb er am 3. April dem Pfarrer von St. Georgen Hubert Pfalzer: »Und besonders suchen dafür zu werben, dass alle die Vorzugsstimme dem Dr. Guggenberg geben und womöglich nur diesem eine Vorzugsstimme. Es soll den Leuten geraten werden, die Vorzugsstimme durch die Ziffer 1 abzugeben, weil das einfach und schneller geht.«

Die Zeitung »Dolomiten« vom 21. April 1948 kündet vom »Großen Erfolg der Edelweiß-Kandidaten«.

Eine Erklärung zur Anerkennung religiöser Grundsätze

Die Regelung für die Kandidaten der SVP, welche für die Parlamentswahlen am 18. April 1948 antraten, bekam eine Verschärfung, als Generalvikar Pompanin von allen eine schriftliche Erklärung verlangte, in der sie sich verpflichteten, religiöse Grundsätze anzuerkennen. Am 12. März 1948 schrieb Baron Georg Di Pauli, der mit dieser Erklärung nicht ganz einverstanden war, dem Generalvikar: »Bei der heutigen Parteileitungssitzung der SVP stand Ihr Brief vom (ich kann das Datum nicht nennen, da ich es nicht kenne) zur Erörterung, in welchem das F. B. Ordinariat Brixen eine schriftliche Anerkennung unserer religiösen Prinzipien von den Kandidaten forderte. Das Ordinariat Trient war wie üblich in partibus. Nun ich glaube, dass in diesem heutigen schweren

235

Moment unsere Kandidaten allfällige Bedenken überwinden werden und die gewünschte Erklärung geben. Aber ich erlaube mir, ganz ergebenst zu der Anregung des Brixner Ordinariates folgendes anzuführen: Ich habe schon bei der Besprechung, die am 19. 2. bei HH. Kanonikus Gamper stattfand, zur Erwägung gestellt, dass man von einer solchen strengen Scheidung zwischen Kandidaten streng religiöser Grundsätze und solcher weniger streng religiöser Grundsätze lieber absehen möge, es sei zwischen beiden kein klaffender Gegensatz, man solle vermeiden, einen ideologischen Widerstreit in die SVP zu bringen, es sei keine notwendige Veranlassung dazu da, es könnte höchstens den Beginn einer Spaltung vorbereiten, was höchst bedauerlich wäre.«

Am 18. März 1948 schrieb der Generalsekretär der SVP, Otto von Guggenberg, dem Generalvikar: »Diese (Kandidaten-Erklärung) verzögerte sich bisher rein aus Gründen der vorerst notwendigen formalen Anmeldung der Senatoren, die erst gestern erfolgt ist. Nunmehr werden wir die Erklärung ehest zur Unterfertigung bringen. Widerstände – sie wurde bereits in der vorletzten Parteileitungssitzung vorgelegt – sind ja keine. Verstehe, dass Sie sie benötigen, um der Propaganda Nachdruck zu verleihen. Hoffe also … baldigst zu Ihnen kommen zu können und einen längeren Plausch mit Ihnen haben zu können. Er tut diesmal Not!«

Am 8. April 1948 schrieb Karl von Braitenberg dem Brixner Generalvikar und nahm zu dieser Erklärung Stellung: »Ich bin Dir sehr dankbar, dass Du Dir trotz Deiner vielen Geschäfte die Mühe genommen hast, mich in einem ausführlichen Schreiben über die Beweggründe und die Umstände der Einholung der bewussten Erklärung aufzuklären. Die Sache erscheint mir nun tatsächlich in einem etwas anderen Licht. Wie ich Dir schon geschrieben habe, stehe ich ganz auf Seite der von der f. b. Kurie aufgestellten

Grundsätze; es wäre wohl das Beste gewesen, ich wäre gleich nach Erhalt der Kopie Deines Briefes nach Brixen gefahren und hätte mit f. b. Gnaden oder Dir die Angelegenheit besprochen, doch fehlte mir leider die Zeit dazu. Ich werde mich aber sehr freuen, Dich bei meiner nächsten Brixnerfahrt zu besuchen.« In einem PS fügte Braitenberg noch hinzu: »Ich möchte noch bemerken, dass mich Dr. Raffeiner nicht abgeredet hat, die Erklärung zu unterschreiben. Wir haben beide gleich nach Erhalt Deiner Briefkopie vereinbart, jeder selbst zu entscheiden und direkt zu antworten.«

In einem Brief vom 8. April 1948 an Baron Georg Di Pauli in Kaltern erklärte Pompanin, wie es zu dieser Erklärung gekommen ist: »Ich möchte diese Gelegenheit ergreifen, um auch ganz kurz auf Ihren früheren Brief betreffs der verlangten Bindung von Seiten der Kandidaten der S.V.P. Nach unserer Versammlung in Bozen musste ich wahrnehmen, dass von vielen Seiten Zweifel an der richtigen katholischen Gesinnung der Kandidaten der S.V.P., besonders des Herrn Dr. Raffeiner, laut wurden. Diese Zweifel wurden benützt, um für die Democrazia Cristiana zu werben. Dieser Propaganda konnte nur dadurch vorgebeugt werden, dass von kirchlicher Seite erklärt würde, dass alle Katholiken mit gutem Gewissen auch für die S.V.P. stimmen können. Diese Erklärung konnte nur abgegeben werden, wenn wir sicher waren, dass alle Kandidaten (auch die der liberalen Richtung) die verlangte Erklärung abgeben, denn das Parteiprogramm wurde von vielen als nicht klar genug bezeichnet. Ein Wahlkompromiss zwischen katholischer und liberaler Richtung, wie man ihn im Jahr 1921 geschlossen hatte, wäre nicht mehr genügend gewesen, um dieser Propaganda der Democristiani entgegenzutreten. Infolgedessen sahen wir uns gezwungen, die Erklärung zu verlangen. Leider haben die beiden Senats-Kandidaten diese Erklärung nicht unterschrieben, sondern nur sonst erklärt, sie werden als Vertreter des katholischen Volkes selbstverständlich für die katholischen Belange eintreten. Es müsste unsere Erklärung sich auch mit einem allgemeinen Ausdruck begnügen.«

Bei der Wahl am 18. April 1948 konnte schließlich die SVP Otto von Guggenberg, Friedl Volgger und Toni Ebner in die Kammer und Karl von Braitenberg und Josef Raffeiner in den Senat entsenden. Am 19. April 1948 kam Pompanin, der vom Ausgang der Wahlen noch nichts wusste, in einem Brief an Di Pauli noch einmal auf diese Erklärung zu sprechen: »Nun sind die Wahlen vorüber, und hoffentlich sind sie gut auch für uns Südtiroler ausgefallen, trotz der gemeinen Propaganda, welche die ›deutsche‹ Sektion der Democristiani betrieben hat. Gerade der letzte Wahlaufruf derselben hat gezeigt, wie Recht wir hatten, als wir die Erklärung der Kandidaten verlangten. Hätten auch die beiden Senatoren unterschrieben, dann wollten wir die Erklärung veröffentlichen, und es wäre keine Propaganda dagegen mehr aufgekommen.«

Auch bei den ersten Regionalwahlen in den Landtag von Bozen am 28. November 1948 mischte sich Pompanin ein. So schrieb er am 21. November 1948 dem Dekan von Rodeneck, Anton Reier: »Für den Brixner Bezirk, wozu auch Dein ganzes Dekanat gehört … ist als zu bevorzugender Kandidat Dr. Albin Forer, Nr. 4 der Liste, bestimmt, dessen Wahl von besonderer Wichtigkeit ist, weil er das Schulreferat übernehmen soll. Ich … bitte Dich, die Seelsorger Deines Dekanates zu ersuchen, sich für diese Vorzugsstimme einzusetzen. Selbstverständlich tu ich das nicht in meiner amtlichen Eigenschaft als Generalvikar, sondern als einfacher Südtiroler-Wähler.«

Der emeritierte Erzbischof Johannes Geisler zeigt sich im April 1952
in der Hofburg Brixen der Menge. Hinter ihm der neu ernannte Bischof
Joseph Gargitter und der Bürgermeister von Brixen, Natale Dander.

Geislers Rücktritt und Tod

Schon seit Jahren ließ der Gesundheitszustand von Fürstbischof
Johannes Geisler zu wünschen übrig. Aber wirklich bedenklich
wurde er erst im Frühjahr 1951, als Geisler in Meran einen Schlaganfall erlitt. Wenn auch die Lähmungserscheinungen allmählich
schwanden und die Anfälle sich in dieser Stärke nicht mehr wiederholten, war sich der Oberhirte über seinen schlechten Gesundheitszustand völlig im Klaren. In aller Stille beging er am 2. April 1952
den 22. Jahrestag seiner Bischofsernennung. Er zelebrierte zwar
täglich die hl. Messe in der Kapelle und ging im Garten spazieren,
aber er konnte weder am Gründonnerstag noch am Ostersonntag
1952 im Dom die Messe feiern. Wegen dieser schlechten körper-

lichen Verfassung bat er den Papst wiederholt um Enthebung von seinem Amt. Am 23. April 1952 nahm Pius XII. schließlich seinen Rücktritt an und ernannte ihn zum Titularerzbischof von Odesso. Für die Zeit bis zur Besitzergreifung der Diözese durch den neuen Bischof wurde Geisler zum Apostolischen Administrator der Diözese Brixen ernannt, der seinerseits für die Dauer seiner Administratur Alois Pompanin zu seinem Generalvikar nominierte, der weiter die kirchenpolitischen Geschicke der Diözese leitete.

Am 16. Mai 1952 verlieh der Brixner Gemeinderat Geisler das Ehrenbürgerrecht. Zu diesem Anlass versammelten sich nach der Maiandacht im Innenhof der Hofburg viele Menschen, um dem Bischof die Glückwünsche für diese Auszeichnung zu entbieten. An der Weihe und Inthronisation seines Nachfolgers Joseph Gargitter am 18. Mai 1952 konnte Geisler nicht mehr teilnehmen, weil er mittlerweile so krank war. Zu seinem Namenstag am 24. Juni brachte ihm die Bürgerkapelle noch ein Ständchen in der Hofburg dar. Es war sein letztes Erscheinen in der Öffentlichkeit. Am 25. Juni fuhr er nach Bruneck, um auf der Burg den Sommer zu verbringen. Dort weilte er immer gerne und dieser Aufenthalt gab ihm auch jedes Mal neue Kraft. Aber 1952 erholte er sich nur vorübergehend. Immer wieder erlitt er Rückschläge, so dass seine Umgebung das Schlimmste befürchtete. Am 2. August 1952 schrieb er in Bruneck sein Testament. Am 5. September brachte ihm Elisabeth Ellemunter, die als Hausmädchen mit dem Gefolge des Bischofs auf dem Schloss weilte, eine Tasse Tee und Grahambrot ans Krankenbett. Bei dieser Gelegenheit machte Geisler ihr ein Kreuzzeichen auf die Stirn und sagte, er möchte heimgehen. In der Tat kehrte er noch am selben Tag in Begleitung des Kanzlers Untergasser, der Tertiarschwester Imelda Mußner, von Hedwig Raffl und Elisabeth Ellemunter mit dem Auto nach Brixen zurück.

Nach Aussage von Frau Ellemunter starb Geisler auf der Fahrt, nachdem man die Ortschaft Schabs passiert hatte. Da begann man, so Frau Ellemunter, für ihn zu beten. Nach offiziellen Angaben verstarb Geisler in den Armen seiner Begleiter, als der Wagen durch das Burgtor fuhr und diese sich anschickten, ihn aus dem Auto zu heben.

Am 10. September fand das feierliche Begräbnis statt. Daran nahmen neben seinem Nachfolger Joseph Gargitter auch Erzbischof Karl von Ferrari von Trient, Erzbischof Fogar von Patras (früher Triest), Bischof Muccin von Belluno und der Südtiroler Missionsbischof Greif teil. Der Apostolische Administrator von Innsbruck, Bischof Rusch, war wegen des gerade stattfindenden Katholikentages in Wien am Kommen verhindert. Er ließ sich von Prälat Bruno Wechner, dem späteren Diözesanbischof von Vorarlberg, vertreten. Die Totenansprache hielt Kanzler Johann Untergasser. Neben der zahlreichen geistlichen Prominenz nahmen auch von weltlicher Seite hohe Vertreter an diesem Begräbnis teil, darunter Landeshauptmann Erckert und Regionalratspräsident Magnago sowie Bürgermeister Kröll von Mayrhofen, der Heimatgemeinde des Verstorbenen. Im Dom, wo Geisler beigesetzt wurde, erinnert ein würdiges Epitaph von Hans Andre an ihn. Da Papst Pius XII. die Fürstentitel 1951 abgeschafft hatte, war Geisler der letzte Fürstbischof von Brixen.

Geisler besaß eine gute Ausbildung, hatte als Hofkaplan eine vorzügliche Kenntnis der Diözese erworben und war als Professor bei seinen Studenten beliebt. Er war der geborene Lehrer, der sich am liebsten mit seinen Büchern und seinen Studenten beschäftigte. Als er zum Bischof ernannt wurde, waren Klerus und Volk aber enttäuscht, denn er war nicht ihr Mann, sondern ein Kompromisskandidat des Vatikans und der faschistischen Regierung.

Er hatte ein vornehmes Auftreten, war ein gütiger, friedliebender, frommer und äußerst leutseliger Mensch, allerdings schwach und leicht beeinflussbar. Er war kein Politiker, kein Diplomat und kein Taktiker, sondern ein Seelsorger, dessen einzige Politik, wie er selbst gesagt hatte, Christus war. Während er die Tagespolitik seinem Generalvikar Pompanin überließ, kümmerte er sich um Gottesdienste, Sakramentenspendung, Predigt und Caritas. Gerade in karitativer Hinsicht fand Geisler in den Nachkriegsjahren ein reiches Arbeitsfeld vor. In kirchenpolitischer Hinsicht jedoch hatte ab 1933 der neue Generalvikar Pompanin die Zügel in die Hand genommen und Geisler war völlig in seine Abhängigkeit geraten.

Relief der Brüder Johann Baptist und Joseph Georg Oberkofler am Heimathaus in St. Johann im Ahrntal

Die Brüder Joseph Georg und Johann Baptist Oberkofler

Aus der Mesnerfamilie Oberkofler in St. Johann im Ahrntal gingen zwei berühmte Persönlichkeiten hervor: Der Dichter und Schriftsteller Joseph Georg und sein Bruder, der Maler und Dombenefiziat Johannes Baptist.

Georg wurde am 17. April 1889 in St. Johann geboren. Sein Weg führte ihn zum Studium ins Vinzentinum nach Brixen. Da man ihm dort die Teilnahme am Begräbnis seines geliebten Großvaters verbot, ging er nach Trient, wo er 1910 am deutschen Gymnasium die Reifeprüfung ablegte. Er fühlte sich immer mehr zur Literatur hingezogen. Deshalb geriet er mit seiner Familie in Konflikt, die wollte, dass er Priester werde. Nach seiner Promotion 1922 in Rechtswissenschaften in Innsbruck, arbeitete er als Redakteur bei der Tageszeitung »Der Tiroler« in Bozen. Im Jahr 1925 bekam er eine Stelle als Lektor bei der Verlagsanstalt Tyrolia in Innsbruck. Im Jahr 1938 begrüßte er den Anschluss Österreichs an Deutschland. Nach der Veröffentlichung des Romans »Der Bannwald« erhielt er den Volkspreis für deutsche Dichtung. Von 1940 an lebte er als freischaffender Künstler in Sistrans. Im Jahr 1950 erlitt er einen Schlaganfall, der ihn halbseitig lähmte. Er verstarb am 12. November 1962. Seine Romane, Erzählungen und Gedichte sind geprägt von der Liebe zur Heimat und zu seinem Volke.

Sein Bruder Johann Baptist Oberkofler wurde am 24. März 1895 geboren. Er studierte ebenso am Vinzentinum in Brixen. Nach der Matura musste er das Studium unterbrechen und einrücken. Als Oberleutnant der Kaiserschützen kämpfte er am Col di Lana und im Adamellogebiet. Anschließend studierte er zunächst in Innsbruck und dann in Brixen Theologie. Nach seiner Priesterweihe im Jahr 1921 wirkte er als Kooperator in Wiesen und in Lüsen, wo ein Feuer am 21. Oktober 1921 die Kirche zerstört hatte. Im Jahr 1924 wurde er an die Akademie der Bildenden Künste nach München geschickt, an der er eine gediegene Maltechnik erlernte. Nach zweijähriger Ausbildung kehrte er im Oktober 1926 wieder nach Lüsen zurück, wo er 1927 in kürzester Zeit Presbyterium und Kirchenschiff der neuen Kirche mit Fresken dekorierte. Da viele Kirchen und Kapellen, die während der Kriegsjahre gelitten hatten, zu restaurieren waren, war Oberkofler nun ein sehr gefragter Maler. 1928 erhielt er ein Benefizium am Dom zu Brixen. In seiner Benefiziatenwohnung richtete er sich ein bescheidenes Atelier ein. Oberkofler malte auch zahllose Madonnenbilder und ist so als der der Madonnenmaler in die Südtiroler Kunstgeschichte eingegangen. Hervorragend sind seine Porträts. Für seine Verdienste wurde er 1950 zum Geistlichen Rat ernannt, 1954 wurde ihm der

Titel Monsignore zuteil und 1961 wurde er Ehrenbürger seiner Heimatgemeinde. In seinen letzten Jahren setzte ihm seine Zuckerkrankheit so zu, dass ihm im Brunecker Krankenhaus beide Beine amputiert werden mussten. Wenige Tage nach dieser Operation starb er am 2. Jänner 1969 und wurde in seinem Heimatfriedhof beigesetzt. Oberkofler malte für das Volk, ohne sich um moderne Strömungen zu kümmern.

Während sich Joseph Georg zur Zeit der Option für Deutschland engagierte, setzte sich Johann Baptist für den Verbleib in der Heimat ein. Trotzdem blieb das Verhältnis der beiden Brüder ungetrübt. Am 1. Juli 1961 wandte sich Joseph Georg an den Dompropst Alois Pompanin und bat ihn sich zu verwenden, damit Johann Baptist zu seinem vierzigjährigen Priesterjubiläum ein Ehrenkanonikat verliehen werde. In seinem Brief schrieb er: »Lieber und verehrter Freund! Im Gedenken an unsere studentische Kameradschaft in Brixen, an Deine Würde und an Deinen Einfluss möchte ich Dir eine Sache anvertrauen, die mich schon lange beschäftigt. Mach sie in freundlicher Anteilnahme zu der Deinen. Ich weiß niemand, an den ich mich sonst wenden könnte. Sei so gut, und nimm meinen Brief mit Wohlwollen auf. Es handelt sich um meinen Bruder, Johann Bapt. Über sechzig Kirchen, ohne die Kapellen und Bildstöcke, hat er mit figuralem und dekorativem Schmuck ausgestattet. Um den Pfarreien Auslagen zu ersparen, berechnete er meist nur die Selbstkosten, und manchmal auch diese nicht … Kein Künstler ist je so schöpferisch gewesen, keiner hat seine Begabung, seine geistigen und physischen Kräfte, so ausschließlich in den Dienst der Religion gestellt, und keiner ist dem katholischen Volke und dessen ursprünglicher Frömmigkeit so nahe gekommen wie er … Er (Johann Baptist) weiß nichts von diesem Briefe. Glaubst Du nicht, dass er durch seine Kunst und nach dreiunddreißigjähriger Pflichterfüllung als Benefiziat würdig wäre, ein Ehrenkanonikat zu empfangen?

Er gehört in die Reihe der Künstler aus dem Domklerus wie Ignaz Mitterer und andere. In vielem überragt er sie. Könnte ihm die Auszeichnung nicht gelegentlich seines vierzigjährigen Priesterjubiläums, das er heuer feiert, verliehen werden? Ich bitte Dich, mach meine Sache zu Deiner eigenen. Man sollte wohl, wie ich glaube, die lebenden Künstler ehren, die selig in Gott ruhenden brauchen es nicht mehr.«

Dompropst Pompanin konnte oder wollte sich nicht für Johann Baptist Oberkofler einsetzen. Tatsache ist, dass der Priestermaler nie ein Ehrenkanonikat bekommen hat.

Dompropst Alois Pompanin
im Jahr 1962

Die letzten Jahre Pompanins

Mit dem Rücktritt von Bischof Geisler und der Ernennung von Joseph Gargitter zum neuen Oberhirten im Jahr 1952 ging auch die Ära Pompanins zu Ende. Gargitter bestätigte Pompanin nicht mehr als Generalvikar, sondern ernannte Johann Untergasser am 14. Juni 1952 zum Kanzler und am 25. April 1953 zum Generalvikar. Pompanin wäre durchaus noch gerne als Generalvikar bestätigt worden. Er selbst schrieb am 1. August 1953 an Prälat Büttner: »Mit der Amtsübernahme durch den neuen Bischof hörte mein Amt auf und ich wurde aus Gesundheitsrücksichten und auch aus anderen Gründen nicht mehr zum Generalvikar ernannt.« Da Pompanin am 12. Juni 1930 von Papst Pius XI. zum Kanonikus und am 31. Dezember 1939 von Papst Pius XII. zum Scholastikus ernannt worden war, schlug ihn Bischof Joseph Gargitter dem

Papst für die Ernennung zum Dompropst vor. Nach der päpstlichen Nominierung vom 27. April 1953 fand am 3. Juni 1953 vormittags in der bischöflichen Privatkapelle der Hofburg in Anwesenheit des Bischofs, des Domkapitels und des Kapitelnotars Josef Aichner die Investierung und am Nachmittag vor der Vesper die Installierung statt. Dieses Amt hatte Pompanin bis zu seinem Tode inne. Von nun an spielte er kirchenpolitisch keine Rolle mehr. Er selbst erklärte im oben genannten Schreiben, dass er den Eindruck habe »dass der neue Bischof lieber ohne meine Ratschläge auskommt.«

Mittlerweile hatte Pompanin immer mehr gesundheitliche Probleme. Er machte wiederholt bei seinem Freund Pfarrer Johannes Dejaco in Lalling bei Regensburg Urlaub und ließ sich dort auch von Ärzten kurieren. Als er am 12. Februar 1954 auf Grund eines ärztlichen Zeugnisses in Rom um Dispens vom Chordienst ansuchte, war das Domkapitel der Meinung, dass eine totale Absenz nicht gerechtfertigt wäre, da er »doch seine Vorlesungen im Seminar halte und seine Wege machen könne«. In der Tat erledigte die Konzilskongregation Pompanins Eingabe mit den Worten: »Questa Sacra Congregatione non ritiene opportuno concedere l'indulto richiesto«. Am 20. Februar 1958 erhielt Pompanin zusammen mit Karl Tinzl das Ehrenzeichen des Landes Tirol. Landeshauptmann Tschiggfrey sagte bei der Überreichung der Auszeichnung: »Zum ersten Mal sind auch zwei verdiente Männer des Südtiroler Volkes darunter. Die Verleihung des Ehrenzeichens an sie soll unser Gefühl für Südtirol besonders zum Ausdruck bringen. Diese Auszeichnung stellt einen bescheidenen Dank des Landes dar. Möge den heute Geehrten das Ehrenzeichen Freude bereiten und mögen sie es noch viele Jahre tragen dürfen!«

Im Jahr 1961 musste Pompanin sich einer schweren Augenoperation unterziehen. Als durch die päpstliche Bulle »Quo aptius«

vom 6. August 1964 die Diözese Bozen-Brixen errichtet wurde und es dabei auch zum Verlust der Dekanate Cortina d'Ampezzo und Buchenstein kam, bedeutete dies für Pompanin, der ja aus Cortina stammte, großes Leid. Dass ausgerechnet seine geliebte Heimat zur italienischen Diözese Belluno geschlagen wurde, konnte er kaum verkraften. Zu einem Priester, der damals in Cortina Kooperator war, sagte er: »Da hilft nur mehr beten!« Im Jahr 1965 erwirkte sich Pompanin in Rom die Dispens vom Chordienst, stellte jedoch als Substitut den Kanzler Mons. Karbon an und zahlte ihm dafür 30.000 Lire. Dieser übernahm am 19. Juni den gesamten Dienst, ausgenommen die Assistenz bei bischöflichen Pontifikalämtern. Das Kapitel war damit voll einverstanden.

Gegen Ende Juni 1966 unterzog sich Pompanin in der Marienklinik in Bozen einer Operation, die zwar gut verlaufen ist, später aber zu Komplikationen führte. Der langjährige Dekan des Brixner Domkapitels Johannes Meßner erinnert sich: »Am Nachmittag des Festes Peter und Paul 1966 rief mich Bischof Gargitter an und ersuchte mich, ihn zum sterbenden Pompanin in die Marienklinik nach Bozen zu führen. Ich begleitete Bischof Gargitter bis zur Tür des Krankenzimmers, wo Pompanin im Sterben lag, blieb aber vor der Tür des Krankenzimmers stehen und wollte Gargitter allein hineingehen lassen. Doch dieser forderte mich auf, gleich mit ihm hineinzugehen, als ob er mich als Zeugen der Begegnung haben wollte. Gargitter hat Pompanin für seinen Einsatz als Generalvikar für die Kirche von Brixen in schwierigsten Zeiten gedankt, ein Einsatz, wie er sagte, der nicht angemessen gewürdigt worden sei. In diesem Gespräch sind in meinen Augen Gargitter und Pompanin einander sehr nahe gekommen.«

Wappen des Dompropstes Alois Pompanin mit dem vielsagenden Spruch »Non habemus hic manentem civitatem.«

Pompanins Tod und Würdigung

Am 30. Juni 1966 verstarb Pompanin in Bozen. Er wurde nach Brixen überführt und in der Johanneskapelle im Kreuzgang aufgebahrt. Am 2. Juli 1966 fanden im Dom das feierliche Requiem mit Diözesanbischof Gargitter und anschließend das Begräbnis statt, an dem 150 Priester teilnahmen, darunter Weihbischof Heinrich Forer, Generalvikar Johannes Untergasser mit den Mitgliedern des Domkapitels, der Kanzler der Diözese Innsbruck, Msgr. Josef Hammerl, Prälat Josef Kögl vom Domkapitel in Trient, Propst Josef Kalser von Bozen, der Prälat von Neustift Konrad Lechner sowie der Abt von Marienberg Stephan Pamer. Unter den Vertretern des öffentlichen Lebens sah man Landeshauptmann Alois Pupp, Landesrat Unterweger als Vertreter der Nordtiroler Landesregierung, den Landessekretär der SVP Josef Atz und eine starke Vertretung aus Cortina d'Ampezzo.

Hinter dem Sarg schritten die beiden Geschwister Alfons und Maria mit den zahlreichen Angehörigen und die Wirtschafterin des Verstorbenen, Theresia Clara, die durch 32 Jahre vorbildlich für Pompanin gesorgt hatte. Nach der Einsegnung sagte Bischof Gargitter: »Über fünfzig Jahre hat er der Diözese als vorbildlicher Priester in aufrechter Männlichkeit gedient. Als ein leuchtendes Beispiel und als Zierde des Priesterseminars hat er als Professor … das Ansehen des Seminars weit über die Grenzen der Diözese hinaus gefestigt und als Generalvikar in schwerer Zeit Entscheidungen treffen müssen.« Mit einem Grablied nahm der Domchor Abschied von Pompanin, der früher auch im Domchor mitgesungen hatte. Der Wappenspruch Pompanis lautete »Non habemus hic manentem civitatem – Wir haben hier keine bleibende Stätte.«

Josef Innerhofer, der von 1965 bis 1992 Schriftleiter des »Katholischen Sonntagsblattes« war, sagte über Pompanin: »Alois Pompanin war ein Cortinese und war interessanterweise sehr deutschfreundlich eingestellt, obwohl er selbst nie ganz korrekt deutsch gesprochen hat. Und er war ein ausgezeichneter Jurist. Ich hatte ihn als Professor und muss sagen, wir haben ihn sehr geschätzt. Er hat die Gesetze sehr gut gekannt, nicht nur das Kirchengesetz, sondern auch das weltliche, und hat dann sehr klare Positionen vertreten.«

Der emeritierte Theologieprofessor Johann Gamberoni erinnert sich: »Die Mitbrüder von Pompanin hätten Geisler gewarnt, wenn er Pompanin zum Generalvikar mache, dann gebe er das Zepter aus der Hand. Und man hatte Bischof Geisler oft vorgeworfen, dass er eben kein Politiker war, vielleicht politisch etwas naiv, könnte man sagen. Und das erklärt dann auch manches von seinem Verhältnis zu seinem Generalvikar.« Josef Hohenegger, der von 1978 bis 1991 dem Brixner Domkapitel angehörte und viele diözesane Ämter innehatte, sagte über Pompanin: »Der Generalvikar Pompanin, der war eine Persönlichkeit, ein Mann mit großer Energie und einem Auftreten wie ein Kaiser. Pompanin war von seinem Nationalsozialismus völlig überzeugt. Das sei das Heil für die Deutschen in Südtirol. Auf dem Klerus lastete ein ungeheurer Druck, dem sich einige nicht entziehen wollten und konnten.« Alfred Frenes, der von 1969 bis 1989 das Kathechetische Amt geleitet hat, erklärte: »Meine Familie war eine Optantenfamilie, und die Optanten haben natürlich sehr viel Verständnis für die Aussage von Bischof Geisler gehabt, der gesagt hat, er gehe mit dem Volk. Die treibende Kraft in der Kurie für das Abwandern aber war Generalvikar Alois Pompanin. Er besaß dazu auch das erforderliche Durchsetzungsvermögen«.

Pompanin war ohne Zweifel hoch intelligent und eine universell gebildete Persönlichkeit, dessen Interessen weit über sein Fachwissen hinausgingen. Er interessierte sich für Mathematik, Botanik, die schönen Künste und vor allem für Musik. Mehr als 25 Jahre war er ein eifriges Mitglied des Domchores. Seine Schüler schätzten ihn als Lehrer, der sein Gebiet souverän beherrschte. Klar in Form und Inhalt waren seine Vorlesungen. Was die Kirchenpolitik betrifft, kann man sagen, dass alle wichtigen Maßnahmen gegen die faschistische Regierung zur Zeit der Option und während der nationalsozialistischen Periode sowie in der Nachkriegszeit von Pompanin getroffen wurden. Während sich Bischof Geisler um Gottesdienste, Weihen und Visitationen kümmerte, hatte Pompanin die kirchenpolitische Leitung der Diözese fest in der Hand. Er war sicherlich kein Nationalsozialist, bekannte sich jedoch ohne Wenn und Aber zum Deutschtum, von dem er auch für Südtirol das Heil erwartete.

Die lange Serie über Südtirols Kirche unter Faschismus und Nationalsozialismus möge uns lehren, dass wir mit allen Mitteln solches Unheil verhindern müssen.

Personenregister

Bildnachweis

**STIFTUNG
SÜDTIROLER SPARKASSE**

Wir stiften Kultur